Klaus Kern

MENTALES TRAINING
TEXTE UND ANALYSEN
ZUR BERATUNG VON FUßBALLERN

MITARBEIT
Volker Sautter
DIPLOM-LEHRER FÜR MENTALES TRAINING

© **COPYRIGHT 2000 BY KLAUS KERN**
Freiburg im Breisgau, Germany
Alle Rechte vorbehalten

Schreiberstraße 8
D - 79098 Freiburg
☎ *0761/289424*
✉ *0761/289414*

ISBN 3-8311-0963-X

Herstellung: Libri Books on Demand

Über den Autor
Im Amateurliga-Fußball hat der Autor dieses Buches bereits als junger Spieler reichhaltige Erfahrungen gesammelt. Er ist erfolgreicher Inhaber der Trainer B-Lizenz und erfuhr eine intensive Ausbildung als Lebens- und Fußballberater. Zum Thema Karriereplanung hat der Autor ein Buch mit dem Titel geschrieben:
Was soll ich tun? Beratung im Fußball.

Inhalt

VORWORT 7
TALENTE 9
   Die Hoffnungsträger Sebastian Deisler 9
   Der Fall Moritz Volz 9
   Das Talent Mustafa Dogan 10
   Fabian Ernst 11
   Jugendtalente – Negativbeispiele 12
INTERVIEW MIT MARCO WEIßHAUPT VOM SC FREIBURG 15
   1. Beginn der Laufbahn 15
   2. Beurteilung der eigenen Karriere 17
   3. Das Schönste in der Karriere 18
   4. Das Faszinierendste am Fußball 20
   5. Mentale Beratung im Fußball 21
   6. Uneigennützige Beratung 23
   7. Krisen 24
   8. Beratung heute 26
   9. Lebenskompetenz 26
   10. Fehler bei Karrierewilligen 27
   11. Das Schlimmste beim Fußball 28
   12. Trainer und Beratung 31
   13. Erwartungen an den Trainer 31
EXEMPLARISCHE BERATUNGEN 34
   Therapie oder Gespräch 34
   Alltagsberatung 34
   Lebensberatung 35
   Die Fußballberatung 36
      Jugendsport 37
      Amateurbereich 38
      Profibereich 39
   Was kann die Beratung leisten? 40
   Grundlagen der Beratung 41
   Der wichtigste Schritt: Das Gespräch 42
   Gemeinsam zur Lösung 42
   Fehlerquellen 44
   Ansatzpunkte für den Fußballer 44
   Das Armtest-Interview 46

Ablauf einer Beratung 46
Wie funktioniert das mentale Training? 47
Beratung der Spieler von Fortuna Köln 48

GELD VERPFLICHTET: MARCO BODE 59

STRUKTUREN IN DEN VEREINEN 60

Verschleudertes Geld - Beispiel VfB Stuttgart 60
Borussia Dortmund - Eine Analyse 62
Der Neuaufbau des SC Freiburg 67
Felix Magath: Ein Trainer stellt immer den höchsten Anspruch 70
Trainer aus dem Ausland: Giovanni Trappatoni: 72

DER VEREINSWECHSEL 73

Beispiele eines Vereinswechsels 73
 Rätselhafter Abstieg - Rodolfo Esteban Cardoso 73
 Thomas Häßler 75

MENTALES TRAINING VON VOLKER SAUTTER 78

Gewinnen auf der Couch 79
Die blauen Wolken bringen Ruhe 82
Beispiel eines Suggestionstextes für einen Spieler von Mainz 05 85

INTERVIEW MIT WOLFGANG FRANK, FUßBALLTRAINER 91

AUSBLICK – HOFFNUNG ZUM SCHLUß 112

VORWORT

Als Berater von Fußballsportlern sehe ich auf den deutschen Fußball enorme Probleme zukommen. Die Ursachen dafür liegen oft im technisch-taktischen Bereich. Präzise formuliert: In der ballorientierten Raumdeckung können nur sehr wenige Spieler effektiv agieren. Hinzu gesellen sich baufällig gewordene Strukturen in immer mehr Vereinen. Im wirkungsvollen Zusammenspiel von Präsident, Manager und Trainerstab ist Sand im Getriebe. So muß der Trainer bei fortgesetzter Erfolglosigkeit seinen Abschied nehmen, obwohl er oft für die Zusammenstellung der Mannschaft gar nicht verantwortlich ist - wie etwa bei VFB Stuttgart, Borussia Dortmund und Karlsruher SC. In dieser Gesamtproblematik ist der eigentliche Schwachpunkt im System auszumachen: der mentale Bereich der Spieler. Ein Mangel liegt in der Berücksichtigung ihrer charakterlichen Individualität und der bei ihnen innewohnenden, gruppendynamischen Prozesse im Team.

Besonders die jungen und sensiblen Spieler benötigen eine gezielte Allround-Beratung, die ihren gesamten Lebensbereich umfaßt. Die Verantwortlichen in den Vereinen wählen in derart schwierigen Situationen oft den konventionellen Weg, indem sie den Spieler kurzerhand los werden, anstatt seine Psyche gezielt zu unterstützen. So gehen Millionen Mark verloren.

Meine Aufgabe als Fußballberater ist es, einen Spieler beim Vereinswechsel, in seinem Verhältnis zum Trainer, zu den Teamkollegen oder zum Manager intensiv zu beraten, so daß ihm alle seine Stärken und Schwächen bewußt werden. Auf diese Weise ist das Optimum seiner persönlichen Leistungsfähigkeit und seines Talents zu erreichen.

TALENTE

Die Hoffnungsträger
Sebastian Deisler

Eines der größten Talente in Deutschland stammt aus dem südbadischen Lörrach. Deisler spielte in der Jugend beim TuS Stetten. Was dieses junge Talent besonders auszeichnet, ist seine vehemente Laufbereitschaft. Er ist in der Lage, genaue Pässe zu schlagen - links wie rechts, mit dem Innen-, wie auch mit dem Außenrist.
Entscheidend zu verbessern wäre die Fähigkeit, das Tempo im Spiel zu variieren und seine Torgefährlichkeit zu erhöhen. Seine Position sollte entweder hinter den Spitzen oder auf der Außenbahn erfolgen, je nach vorgegebener Taktik. Es ist zu hoffen, daß er sich über die Jahre hinweg behutsam entwickeln kann und daß Deisler nicht, wie einige seiner Sportkollegen, dem gefährlichen Lockruf des Geldes erliegt. Bei Jürgen Röber, Hertha BSC Berlin, ist er bestens aufgehoben.
Mit Berater Norbert Pflippen verfügt er über eine Koryphäe der Branche an seiner Seite. Mit dieser Kapazität vermag er in Sachen Karriereplanung weit im voraus zu denken. Augenblicklich ist er in seinem Club hervorragend aufgehoben, weil der Druck noch nicht so hoch ist.

Der Fall Moritz Volz

Als mein erstes Buch *Was soll ich tun? Beratung im Fußball* auf den Markt kam, meldeten sich die Eltern des sechzehnjährigen Jugend-Nationalspielers Moritz Volz spontan bei mir. Ich bot Ihnen damals eine Beratung mit dem Schwerpunkt *Vereinswechsel von Schalke 04 zu Arsenal London* an. Am Telefon hörte ich schon heraus, daß für Moritz ein Traum in Erfüllung gegangen war. England und dieser Powerfußball, die fanatischen Zuschauer - dieser Herausforderung wollte er sich unbedingt stellen.

In einer speziellen Beratung wollte ich genau aufzeigen, ob dieser Wechsel vollzogen werden sollte oder nicht. Ist die positive Karriereentwicklung (siehe Checkliste im Buch *Was soll ich tun ? Beratung im Fußball* oder *Armtest-Interview*) auch wirklich gegeben? In der Öffentlichkeitsarbeit wurden bereits einige Fehler gemacht.

Mit dem Geschäftsführer der VDV-Spielergewerkschaft, Ernst Thoman, habe ich dieses Thema besprochen. Wir analysierten, daß der Jugendspieler beitragsfrei in die Gewerkschaft eintreten könnte und dadurch vertraglich ausgezeichnet abgesichert wäre. Steffen Freund, der zu jener Zeit in England spielte, hätte eine Art Patenschaft für Moritz übernommen.

Aber wie es in der Branche nun einmal zugeht: Allerlei Berater hatten ihre Hände im Spiel, und schnell verloren die Eltern den souveränen Blick auf das Geschehen.

Inzwischen liegt die Ablösesumme bei etwa 400.000 Mark. Ein Vier-Jahres-Vertrag mit einem Jahresgehalt von 420.000 Mark ist vereinbart.

Das Talent Mustafa Dogan

Mustafa Dogan, dreiundzwanzig Jahre, spielt bei Fenerbahce Istanbul. Eine seiner herausstechenden Eigenschaften ist sein erheblicher Ehrgeiz - beim Spiel, wie im Training.

Als er noch in Uerdingen aktiv war, galt er als ein typischer "Manndecker". In einem ausverkauften Stadion wie in Istanbul, in dem der Fußball als Religion gilt, wird automatisch die Motivation freigesetzt. So hat er in der Türkei durch diesen besonderen Motivationsappell einen riesigen Sprung in seinen spielerischen Qualitäten nach vorn vollzogen. Er hat effektiv gelernt, sich im richtigen Moment in den Angriff einzuschalten. Mustafa ist besonders in der Defensive hoch

Mustafa ist besonders in der Defensive hoch motiviert. Zu verbessern ist noch die Geschicklichkeit, der allgemeine Bewegungsablauf und die Koordination.
Als Nachwuchsspieler benötigt er ein wachsames Gespür für die Vorausschau im Spiel, um chancenreiche Situationen zu erkennen. Die eigentliche Qualität eines Spielers definiert sich besonders durch die Fähigkeit, vor dem Gegner am Ball zu sein.
Beim deutschen Trainer Joachim Löw wurde Mustafa Dogan in verschiedenen Positionen eingesetzt: mal hinten, mal vorne, mal links, mal rechts, im Block oder auf den direkten Gegenspieler hin. Zweifellos kann der junge Spieler von diesem vielfältigen Einsatz nur profitieren und dabei wertvolle Erfahrungen sammeln. In Istanbul ist der psychologische Druck so groß wie in Barcelona oder Manchester - zweifellos also ungewöhnliche Mannschaften. Kein Durchschnitt. Das gibt Selbstvertrauen, Sicherheit und Ausstrahlung.
Mir gefällt seine auffällige Bescheidenheit und seine ständige Lernbereitschaft. Auch er ist eines der größten Talente, das wir haben.

Fabian Ernst

Fabian Ernst hat nicht gleich aufs große Geld geschaut - so konnte er sich bei Hannover 96 prächtig entwickeln. Eine bewährte Durchlaufstation hatte der Spieler beim HSV. Er bringt alles mit, was ein Talentjuwel haben muß. Er spielt leichtfüßig und ist mit einer behenden Grundschnelligkeit ausgerüstet, die ihn enorm laufstark agieren läßt. Seine Technik ist brillant und er besticht in einer eleganten Ballführung. Seine Pässe sind präzise. Das Zweikampfverhalten ist gut.
Selbstverständlich gibt es auch in einer Fußballkarriere schwierige Zeiten zu überstehen. Die persönliche Entwicklung einer Karriere kann nicht immer nach oben verlaufen. Gegen solche

hemmenden Phasen hat der Spieler wirkungsvolle Strategien einzusetzen. In einem Lernprozeß mußte Fabian Ernst lernen, das Tempo zu variieren und sein Kopfballspiel entscheidend zu verbessern. Der Charakter dieses Spielers ist nun mehr als *gut*.
Seine Position kann im Mittelfeld liegen, er ist jedoch auch als Libero einsetzbar. Zu berücksichtigen ist, daß der Lernprozeß für einen jungen Spieler im Mittelfeld ausgeprägter vorhanden ist, als auf dem Liberoposten. Im Mittelfeld lernt der Spieler sich taktisch zu bewegen und zu verschieben. Als Libero hat ein Spieler seine unbedingten Erfahrungen im Mittelfeld mitzubringen.
Das erste Ziel von Fabian Ernst ist es, Stammspieler in der Bundesliga zu werden.
In der Saison 2000/2001 wechselt der Spieler zu Werder Bremen.

Jugendtalente – Negativbeispiele

Arsenal London verpflichtete für die kommende Saison den fünfzehnjährigen Franzosen Jeremie Miacherè. Er verdient, mit einem Sieben-Jahres-Vertrag ausgestattet, fünf Millionen Mark. Frankreichs Sportministerin Buffet will per neuem Gesetz einem derartigen Handel den Riegel vorschieben.
UD Levante in Spanien legte für das sechzehnjährige Talent Vicente Rodriguez die unglaubliche Ablösesumme von 3,7 Millionen Mark fest. Atletico Madrid zahlte vor zwei Jahren für den fünfzehnjährigen Brasilianer Maximiliano 5,6 Millionen Mark. Real Madrid verlangt für den B-Jugendlichen David Agenzo zwölf Millionen Mark. Der AC Turin sicherte sich für den erst zehnjährigen Vincenzo Sarno das Vorkaufsrecht für 120.000 Mark.
Die Situation am Transfer-Markt ufert aus.

Der sechzehnjährige Sascha Nikolajewicz wechselte vor neun Jahren vom VfB zum AC Turin. Laut Vertrag hätte er in fünf Jahren 600.000 Mark verdienen sollen.

Er selbst spricht von einem verfrühten Handeln. *Ich wurde verheizt.* Heute spielt er in der Verbandsliga und arbeitet in einem Modehaus in Ditzingen. An größeren Werten ist ihm nichts geblieben. Freilich haben seine Berater gut abkassiert. In jener Zeit sprach man von einer Sensation. Heutzutage stehen derartige Angebote auf der Tagesordnung.

Dem siebzehnjährigen Salvatore Rogoli von den Reinickendorfer Füchsen bot der SSC Neapel einen Profivertrag mit einer sechsstelligen Summe an.

ORGANISATION DER NACHWUCHSGRUPPE

Präsidium + Vizepräsident	
Bundesliga	
Nachwuchscheftrainer Fußball-Lehrer	**Nachwuchsmanager** Fußball-Lehrer
Sportliche Leitung des Nachwuchsbereichs Leistungsmannschaften: Amat./2.Amat.,A-B-C-Junioren Koordination bei Training/Spielen/Turnieren Kaderplanung Talentsichtung für Bundesliga-Nachwuchsbereich Spiel(er)beobachtung für Bundesliga /Amateurbereich Internationale Kontakte Zusammenarbeit mit Vereinen,Verbänden,Schulen Trainerfortbildung Fußballbetonte Schule Organisation Bolztag Öffentlichkeitsarbeit/Presse	• Organisatorische Leitung des Nachwuchsbereichs • Leistungsmannschaften: 1. +2.Amat./A1-B1-C1-Junioren • Organisatorische Abläufe der laufenden Saison • Organisation bei Training/Spielen/Turnieren • Vertragsgestaltung/Transferverhandlungen/Amateure/ Jugendspieler • Verträge/Verhandlungen bei Spielen/Turnieren • Etat (Entwurf-Umsetzung) • Ansprechpartner für den Ausrüster (Puma) • Talentsichtung für den Bundesliga-Nachwuchsbereich • Spiel(er)beobachtung für Bundesliga • Internationale Kontakte • Organisation des Internats • Sponsoring/Marketing/PR-Aktionen • Kooperation mit Institutionen – Schulen, Werbepartner • Zusammenarbeit mit Vereinen, Verbänden, Schulen • Organisation des Unterrichts und Trainings – fußballbetonte Schule • Organisation Bolztag (einmal im Jahr mit Lizenzspielern) • Öffentlichkeitsarbeit/Presse

Amateure Regionalliga	2.Amateure Oberliga	A1-Junioren A-JRL Regionalliga	B1-Junioren B-JRL Regionalliga	C1-Junioren Verbandsliga
Trainer Fußball-Lehrer	**Trainer** A-Lizenz	**Trainer** Fußball-Lehrer	**Trainer** Fußball-Lehrer	**Trainer** A-Lizenz
-Spielbetreuung Amat. -Training Amateure -Koordination mit Oberligamannschaft und Abstellung von Spielern -Trainerfortbildungsmaßnahmen in allen Jugendaltersstufen	-Spielbetreuung OL -Training OL -Kooperation mit 1. Amat. -Spiel(er)sichtung: für Amateure für A1- bis C1-Junioren für Bundesliga -Unterrichten an der fußballbetonten Schule **Arbeit am PC** - Erstellen einer Spielerdatei für Bundesliga - Erstellen einer Spielerdatei für Jugendspieler	-Spielbetreuung A1-Jgd. -Training A1-Jgd. -Trainingsmitgestaltung für A-u.F-Jgd.Jahrg. -Trainingsbeobachtung für A-u. F.Jgd. Jahrg. -Spiel(er)sichtung: für A-Junioren, für ältere B-Junioren, für Bundesliga und für andere Jahrgänge -Unterrichten an der fußballbetonten Schule	-Spielbetreuung B1-Jgd. -Training B1-Jgd. -Trainingsmitgestaltung für B- u.E-Jgd. Jahrg. -Trainingsbeobachtung für B- u.E-Jgd. Jahrg. -Spiel(er)sichtung: für B-Junioren, für ältere C-Junioren, für Bundesliga und für andere Jahrg. -Unterrichten an der fußballbetonten Schule	-Spielbetreuung C1-Jgd. -Training C1-Jgd. -Trainingsmitgestaltung für C- u.D-Jgd. Jahrg. -Trainingsbeobachtung für C- u.D-Jgd. Jahrg. -Spiel(er)sichtung: für C-Junioren, für ältere Bundesliga und für andere Jahrg. -Unterrichten an der fußballbetonten Schule -Vertretung NW-Manager -Verbindung zur Amat.-Abteilung.
Co-Trainer A-Lizenz	**Co-Trainer** B-Lizenz	**Co-Trainer** B-Lizenz	**Co-Trainer** B-Lizenz	**Co-Trainer** B-Lizenz

INTERVIEW MIT MARCO WEIßHAUPT VOM SC FREIBURG

1. Beginn der Laufbahn

Herr Weißhaupt, meine erste Frage bezieht sich auf Ihre Lebensgeschichte, darauf, wie alles begonnen hat und wie Ihre Karriere verlaufen ist.

Zum Fußball gelangte ich durch meinen Vater. Er spielte in der Oberliga der ehemaligen DDR. Bereits als kleiner Junge von etwa fünf Jahren erlebte ich die Faszination des Fußballs. Meine erste aktive Station war der BSG Nordhausen, wo ich bis zur E-Jugend mit großer Begeisterung gespielt habe. Mit dreizehn Jahren wechselte ich zu Rot-Weiß Erfurt und besuchte dort auch das Kinder- und Jugend-Internat. Insgesamt habe ich an diesem Ort vier Jahre Fußball gespielt.

In der ehemaligen DDR wurde gesteigerter Wert darauf gelegt, nach der zehnten Klasse einen Schulabschluß abzulegen. Mein Vater war damals Trainer bei BSG Nordhausen, wohin ich mit sechzehn Jahren wieder zurückkehrte.

Auf Empfehlung meines Vaters sollte ich zuerst eine Ausbildung absolvieren und nur nebenbei Fußball spielen. Es folgten also zwei Jahre Ausbildung zum Mechaniker. Danach wechselte ich erneut zu Rot-Weiß Erfurt. In diesem Verein erlebte ich 1990 auch die sogenannte *Wende*. Durch diesen glücklichen Umstand war es uns Spielern möglich geworden, in die Bundesliga zu wechseln. Bereits als kleiner Junge leitete mich der heimliche, große Traum, eines Tages einmal beim FC Bayern München zu spielen.

Doch zuerst einmal spielte ich bis 1994 in Erfurt. Das zweite Jahr gestaltete sich als außerordentlich erfolgreich, und daher glaubte ich auch, daß ich es im Fußball zu etwas bringen konnte. Es erreichten mich zahlreiche Angebote aus der ersten und

Zweiten Liga - was mich dann doch einigermaßen überraschte. Mein Vater, der zur damaligen Zeit auch als mein Berater fungierte, empfahl mir jedoch, entgegen dem Trend dieser Angebote, vorerst beim jetzigen Verein zu verweilen. Als dann jedoch das Angebot vom Hamburger SV bei mir eintraf, sah ich meine einmalige Chance gekommen.
Der Hamburg SV hatte immer schon große Spieler hervorgebracht. Als junger Spieler fühlt man sich sofort ebenso *groß* und sieht sich bereits als ein Fußballstar.
In diesem Verein erlebte ich anderthalb recht schöne Jahre, obwohl weniger unter fußballerischen Aspekten. Ich entwickelte mich kaum - da ich auch nur selten zum Einsatz gelangte. Danach wechselte ich 1995/96 zu Mainz 05. Eine prima Zeit erlebte ich in Mainz, und es war für mich von eminenter Bedeutung, daß wir damals den drohenden Abstieg verhinderten. Irgendwann erreichte ich jedoch eine Phase, in der ich nicht mehr zufrieden war. Meine Art und Weise Fußball zu spielen, die komplette Stilistik, hatte sich inzwischen verändert. Ich überlegte mir, ob ich eventuell wieder zurück in die Regionalliga wechseln sollte, um dort wieder Fuß zu fassen. 1996 landete ich erneut in Erfurt und meldete mich damit in meiner Heimat zurück. Es war wirklich schön, wieder zu Hause zu sein. Ich hatte durchaus Glück und darüber hinaus habe ich auch recht gut gespielt. Mein Erfolg bestand schlichtweg darin, daß mir zahlreiche Tore gelangen. Aufgrund dieses Umstands erhielt ich automatisch sofort wieder neue Angebote. 1997 nahm ich die Offerte vom SC Freiburg an.

Was für Eindrücke sind Ihnen von Ihrer Schulzeit geblieben?

Es ist unbedingt für jeden Menschen wichtig, eine gründliche Ausbildung zu erfahren und einen aussagefähigen Abschluß zu erzielen. Für den Sportler ist immer die Ungewißheit vorhanden, ob er auch wirklich eine Profikarriere schafft. Letztlich erreicht dieses Ziel vielleicht nur etwa ein Drittel der Sportler, und der Rest bleibt glücklos auf der Strecke.

In meiner Schulzeit hatte ich durchaus Defizite zu beklagen. Sie begründeten sich in dem erheblichen Zeitaufwand, den ich dem Fußball opferte. Dennoch habe ich die Pennäler-Zeit gut überstanden und war ein ganz normaler Schüler mit ganz normalen Benotungen zwischen *gut* und *befriedigend*.

Es folgte eine Lehre als Mechaniker - eine Art Grundversicherung - denn sollte ich irgendwann einmal mit dem Fußball aufhören, werde ich wahrscheinlich wieder zu diesem Beruf zurückkehren.

2. Beurteilung der eigenen Karriere

Ihre Karriere ist durchaus beeindruckend verlaufen, und Sie stehen noch mitten drin. Sind Sie mit dem bisherigen Verlauf zufrieden?

Selbstverständlich sehe ich meine Karriere in einem positiven Licht. Selbstverständlich deshalb: Ich spiele in der Ersten Liga - wovon jeder Spieler träumt. Glücklicherweise hatte ich auch meinen Vater an meiner Seite, der mich in allen Belangen unterstützte. Er hat mir als Achtzehnjähriger in zahllosen schwierigen Situationen beigestanden. Dadurch war ich in der Lage, stets die richtige Entscheidung zu treffen. Ein Beispiel für eine schwierige Fragestellung: es kann von entscheidender Bedeutung sein, noch ein weiteres Jahr in einem Verein zu verbleiben und sich durchzusetzen, als statt dessen viel zu früh zu wechseln und den Anschluß an sich selbst und seine Leistung zu verlieren. Ich glaube, derlei umsichtige Entscheidungen haben mir auf dem Weg bis heute sehr geholfen. Wenn ein Spieler einmal in der Ersten Liga spielt, dann bin ich davon überzeugt, daß seine Karriere bis dahin gut verlaufen ist.

Mit dem SC Freiburg habe ich einen passenden Verein gefunden, wo ich mich persönlich weiter entwickeln kann. Dagegen gibt es unzählige gute und begabte Fußballspieler, die in einem Verein überhaupt nicht zurecht kommen. Beim SC Freiburg kann ich mich jedoch kreativ entfalten.

Sie haben den Wiederaufstieg des SC Freiburg erlebt, und Sie haben dabei eine gute Saison gespielt. Nun sehe ich bei einigen Spielern, daß sie völlig neu gefordert werden. Konkurrenzkämpfe stehen an. Es nähert sich also eine entscheidende Phase, in der man eine wichtige Größe im Team werden kann.

Das sehe ich genau so. Beim Aufstieg in die Erste Liga lief es bei mir und in der ganzen Mannschaft sehr gut, und wir vermochten noch unbekümmert aufzuspielen. Es hat sofort richtig Spaß gemacht, in der Ersten Liga zu spielen. Okay, mittlerweile sind auch schon wieder zwei Jahre vergangen.
Inzwischen weiß jeder Gegner ziemlich genau, wie wir spielen und was für Stärken und Schwächen uns auszeichnen. Da wird es automatisch schwerer, in der Ersten Liga zu bestehen. Wie es mit dem dritten Jahr weitergeht, bleibt abzuwarten. Hinzu kommt, daß ich mittlerweile eine Familie gegründet habe. Mein Vertrag beim SC läuft demnächst aus. In dieser Phase möchte ich den Kopf frei haben, um mich weiterhin beim SC Freiburg zu empfehlen - oder auch bei anderen Vereinen. Wer bessere Leistungen aufweisen kann, hat bessere Karten für die spätere Laufbahn.

3. Das Schönste in der Karriere

Was war bisher der schönste Augenblick in Ihrer Laufbahn?

Die Antwort fällt eindeutig aus: Ein herrlicher Augenblick war der Wiederaufstieg 1997/98 des SC Freiburgs mit einer komplett neuen Mannschaft - mit knapp zwanzig neuen Spielern aus mehreren Ländern Europas. Wirklich ein super Gefühl und eine große Bestätigung, mit einer derartig neuen Mannschaft unverzüglich wieder aufzusteigen.

Marco Weißhaupt: Die erste Saison beim SC Freiburg war sehr erfolgreich

Was war das Besondere am Aufbau Ihrer Karriere? Wie haben Sie trainiert?

Trainiert haben wir genau auf diese Weise, wie es der Trainer verlangt hat. Im Internat gestaltete sich die Situation so, daß der Trainer immer erkannt hat, über was für Stärken und Schwächen jeder einzelne verfügte. Spezielle Schwachpunkte wurden im Osten verstärkt trainiert. Wer also einen schwachen linken Fuß hatte, mußte verstärkt links jonglieren und mit links schießen. Diese Art von Training hat die Spieler im Osten in eine starke Verfassung gebracht, da sie eben in der Folge dieses

Trainings in der Lage waren, mit beiden Beinen zu schießen. Erst dann kann man auch von einem kompletten Fußballer sprechen. Außerdem wurden verstärkt Freistöße trainiert und insbesondere auch die Fähigkeit, spielerisch im voraus zu denken.

Bei Wolfgang Frank in Mainz wurde zum Beispiel intensiv in dieser Richtung gearbeitet. Selbst nach dem offiziellen Training wurde noch weiter geübt - beispielsweise mit einem Torhüter und zwei Abwehrspielern Übungen zum Torschuß, Freistöße und diverse Standardsituationen. Andere Spieler haben ihren Trainingsplan noch durch zusätzliches Laufen bereichert. Sehr beliebt war es auch nebenbei Tennis oder Basketball zu spielen, um die Spritzigkeit des allgemeinen Antritts und die Koordination zu trainieren. Es gibt unzählige Möglichkeiten sich zu betätigen und sich damit weiter zu verbessern.

4. Das Faszinierendste am Fußball

Für die Fans ist Fußball das Schönste und Faszinierendste überhaupt. Wie empfinden Sie diesen Sport?

Das Faszinierendste am Fußball sind eben diese zahllosen Fans, die immer wieder von Spiel zu Spiel ins Stadion strömen. Noch mehr Menschen verfolgen das Ereignis zu Hause vor dem Fernsehgerät. Ich habe Fußball immer *geliebt und gelebt* - für mich gibt es nichts anderes. Ich hatte den Vorteil, daß ich über ein gewisses Talent verfüge und auch über das Glück, es weiter zu entwickeln. Ohne Zweifel darf ich sagen, daß es mir gelungen ist, mein Hobby zum Beruf gemacht zu haben.

Schätzen Sie sich als einen geselligen Typ ein?

Dem kann ich gewiß zustimmen. Ich gehe gerne mit anderen Menschen aus - zum Essen, zum Trinken oder auch nur um in die Disco zu gehen. Es ist angenehm eine Menge Leute um sich herum zu haben, da ich auch häufig von zu Hause abwesend bin. Schon immer habe ich meine Freunde zu mir eingeladen, da ich ihre Nähe brauche und sie mir guttun. Den Besuch von Kneipen oder Discos erlaube ich mir jedoch nicht vor einem Spieltag. Eigentlich bin ich davon überzeugt, daß jeder Spieler selbst wissen sollte, wann er ausgehen kann und wann nicht. Jedem Fußballer ist eigentlich klar, daß er *vor* einem Spiel besser zu Hause bleibt. Wenn ein Sportler davor die Nacht auf den Kopf stellt, kann er seine optimale Leistung einfach nicht erbringen. Gleichzeitig schadet das dem eigenen Image und der Mannschaft.

5. Mentale Beratung im Fußball

In diesem Buch geht es mir hauptsächlich um die mentale Beratung von Fußballspielern. Was stellen Sie sich darunter vor?

Mit der mentalen Beratung habe ich noch nicht sehr viel zu tun gehabt. Für uns ist immer der Trainer da, uns zu motivieren und uns die Aufgaben zu erklären. Es gibt Spieler, die etwas im mentalen Bereich tun, etwa wie Oliver Kahn sein autogenes Training durchführt. In Leverkusen legen die Spieler sogar einen wirklich großen Wert auf das mentales Training. Für all diejenigen, die nervös in ein Spiel gehen, ist es ausgesprochen hilfreich.
Ein guter Mental-Trainer kann in diesem Bereich bestimmt einen Spieler entscheidend aufbauen, wenn dieser beispielsweise bei einem Match gegen Bayern München eine starke Konzentration verspürt und in einem anderen Spiel, gegen MSV Duisburg meinetwegen, gar keine. Wenn man einen Trainer hat, der dem Spieler immer wieder seine Stärken vorsagt, und der Spieler ist durch diesen Glauben gestärkt, dann kann ich das unbedingt gutheißen.

In welchen Bereichen wäre, vor allem im Umgang mit jungen Spielern, eine mentale Beratung denn zu empfehlen?

Knapp Zwanzigjährige gelangen in die Bundesliga und wissen noch nicht so recht, worauf es wirklich ankommt. Auch im Umgang mit den Medien sehe ich mittlerweile eine bedeutende Belastung auf einen jungen Spieler zukommen. Da fällt es schwer, sich noch ausschließlich auf das Fußball spielen zu konzentrieren. Die Vereine sind bei dieser Thematik vor allem gefordert, im mentalen Bereich dem Spieler weiter zu helfen. Ganz alleine auf sich gestellt eine komplette Fußballkarriere aufzubauen, ist für einen jungen Spieler sehr schwer.

Hatten Sie in Ihrer Karriere bereits Kontakt mit einem Berater?

Seit drei Jahren habe ich einen ausgezeichneten Berater an meiner Seite.
Damals, nach der Wende, waren wir Spieler praktisch Freiwild auf dem Markt. Dutzende von Beratern haben bei meinem Vater angerufen. Den Gesprächen entnahm ich, daß diese *Berater* im wesentlichen nur ihren eigenen Profit vor Augen sahen. Ein negatives Beispiel habe ich beim Wechsel von Erfurt nach Freiburg erlebt. Der Berater wollte eigentlich für Tennis Borussia das Geschäft mit mir abwickeln. Ich äußerte ihm gegenüber meine konkreten Vorstellungen und unterschrieb eine Absichtserklärung mit einer Klausel. Sie lautete: wenn Rot-Weiß Erfurt vor dem 30. Juni aufgelöst wird, kann ich ablösefrei zu Tennis Borussia wechseln. Da diese Situation aber nicht eintraf, war der Vertrag auch hinfällig. Das sind sonderbare Geschehnisse.
Der Berater hat auf diesen Vertrag gepocht und gewisse Dinge herausgegeben, die er nicht hätte rausgeben dürfen. Damit habe ich das negative Beispiel eines Beraters erfahren und gleichzei-

tig eine Menge dazu gelernt. Künftig wußte ich dann besser mit diesem Thema umzugehen.
Durch Torben Hoffmann fand ich den Kontakt zu einem Rechtsanwalt, mit dem ich ein Jahr lang ein freundschaftliches Verhältnis pflegte. Erst nach Ablauf dieses Jahres hat es sich ergeben, daß ich zu ihm wechselte. Ich hatte also die Gelegenheit, diesen Menschen ein Jahr lang kennenzulernen. Aus dieser Nähe konnte ich auch miterleben, wie er die Beratung mit Torben Hoffmann durchführte.

6. Uneigennützige Beratung

Mit uneigennütziger Beratung meine ich, daß nicht in erster Linie der eigene Profit des Beraters im Vordergrund steht. Glauben Sie, daß es eine uneigennützige Beratung gibt?

In Deutschland gibt es bestimmt seriöse Spielerberater, die ehrlich arbeiten und die vorher mit dem Spieler, den Klienten oder den Vereinen reden. Weil es jedoch sehr viele Berater gibt, wird der zuverlässige, der seriöse Berater immer seltener. Ich bin der Meinung, daß in Deutschland drei bis vier exzellente Berater zur Verfügung stehen, die wirklich zweifelsfrei seriös sind. Das sind etwa Norbert Pflippen, Wolfgang Fahrian und Klaus Funk.
Dieses Fußball-Geschäft ist in allen Belangen intensiviert worden. Die Spieler müssen sich um mannigfaltige Dinge kümmern. Wer in dieser Situation einen vertrauensvollen Berater verpflichtet hat - so kann das für die eigene Karriere nur von einem erheblichen Vorteil sein.
Wir Spieler verdienen allerhand Geld, und das sollte gut angelegt werden. Die Sportler wollen nach der relativ kurzlebigen Fußballzeit anschließend ein relativ sorgenfreies Leben führen. Es geht also auch darum, das Geld in Immobilien und in Aktien anzulegen. Nur mit einem seriösen Berater gelingt es, das Geld,

das vielleicht in zehn Jahren verdient wurde, solide anzulegen. Ich verfüge über zwei Kapazitäten, mit denen ich die entsprechenden, das heißt die in Frage kommenden Anlageformen immer wieder besprechen kann. Damit bin ich bis heute gut gefahren und ich hoffe, es bleibt auch in Zukunft so.

7. Krisen

Bei einzelnen Spielern erleben wir immer wieder krisenhafte Situationen. Wäre es da nicht von enormem Vorteil, wenn in diesen Problem-Situationen jemand von der psychologischen Seite her Unterstützung bieten könnte?

An mir selbst habe ich im vergangenen Jahr diese Problemsituation erlebt, hervorgerufen durch eine Verletzung. Zweifellos eine Krise. In diesen Augenblicken ist es recht hilfreich, wenn eine zuverlässige und vertraute Person zur Seite steht, die einem in dieser schwierigen Lage weiterhilft und motiviert.
Leider gibt es auch dutzendfach falsche Freunde in diesem Geschäft. Denjenigen zu finden, der wirklich das Richtige für dich will - das ist eben das Problem. Der einzelne erkennt eine Fülle von Sachverhalten oft genug erst dann, wenn es zu spät ist.
Für diese Problematiken ist in erster Linie der Trainer gefragt, um den Sportler entscheidend zu motivieren. Der Trainer muß mit klarer Sicht entstandene Krisen erkennen und beim Betreffenden darauf einwirken können.

Möchten Sie sich zu den eigenen Tiefs in Ihrer Fußballkarriere äußern?

Von einem Tief vermag ich gewiß zu sprechen - es erreichte mich unmittelbar in der Saison 1999/2000.
Es geschah bereits im ersten Spiel. Unglücklich bin ich umgeknickt und erlitt eine Sprunggelenk-Verletzung im Kapselbe-

reich. Die Außenbänder waren weit überdehnt. Nach vier Wochen Pause bin ich nur beschwerlich wieder ins Spiel gekommen, weil ich zu schnell wieder zu viel erreichen wollte. Tatsächlich mußte ich mich erst wieder mühevoll an das Leistungssoll herankämpfen. Genau in dieser Situation hätte ich dringend jemanden gebraucht, der mir zur Seite gestanden hätte. Das negative oder das schwierige Erlebnis ist bei weitem besser zu verarbeiten, wenn ein engagierter und fähiger Berater zur Seite steht.

Marco Weißhaupt: Nach der Verletzung mußte ich mich erst wieder ins Team kämpfen

Sie hätten also eigentlich jemanden wie Dr. Müller-Wohlfart benötigt?

Das ist ganz richtig. Hinzu kommt jedoch noch, daß ich auch eine harmonische Familie an meiner Seite weiß, die mich stets bedingungslos unterstützt und die mich entscheidend motivieren kann.

8. Beratung heute

Welche Beratung erfahren derzeit die Spieler, wenn es zum Beispiel darum geht, den Club zu wechseln?

Mit Sicherheit gibt es so gut wie keinen Fußballer, der nicht einen Berater hat - ob das der Onkel, der Vater oder ein Spielervermittler ist. Andererseits ist ein professioneller Berater von enormer Bedeutung, weil er mit seiner Kompetenz das finanzielle Optimum bei einem Wechsel erzielen kann, statt der einzelne, nur auf sich gestellte Sportler. Der Spieler ist weitaus gehemmter bei einer Verhandlung, als ein Berater. Dieser verfügt über die *gewissen* Erfahrungen und kennt die unterschiedlichsten Tricks, um dem Verein ein verlockendes Angebot zu unterbreiten.
Dem Berater stellt sich die entscheidende Aufgabe, seinen Klienten sportlich voranzubringen und ihn nicht mit übertriebenen Gehaltsvorstellungen zum Größenwahn zu verleiten.

9. Lebenskompetenz

Wie würden Sie die aktuelle Lebenskompetenz eines Profi-Fußballers einschätzen?

Ich denke schon, daß auch für einen Fußballprofi gelten sollte, daß Fußball nicht alles ist. Er sollte versuchen, sich unbedingt in der medialen Öffentlichkeit optimal darzustellen. Der Spieler sollte gewillt sein, stets einen echten Charakter darzustellen und sich persönlich weiter zu entwickeln. Von besonderer Bedeutung ist es auch zu erkennen, daß die Fußball-Laufbahn irgendwann einmal zu Ende ist und dann jene Zeit beginnen wird, die für die übrigen Menschen das *ganz normale Alltagsleben* bedeutet. Es darf nicht geschehen, daß der Sportler eines Tages vor einem Scherbenhaufen steht. Mögliche Lösungen: nebenbei in der Öffentlichkeit etwas Sinnvolles tun, sich substantiell weiterbilden, ein Seminar besuchen, Schulungen wahrnehmen oder, wie es in Freiburg geschieht, daß einige Spieler sogar ein Studium absolvieren. Der Sportler muß wissen, daß *nach* dem Fußball das Leben dennoch weitergeht. Deshalb meine ich ist es wichtig, daß ein Spieler auch außerhalb des Fußballgeschehens aktiv ist.

10. Fehler bei Karrierewilligen

Fehler machen wir alle, natürlich auch karrierewillige Sportler. Was meinen Sie, sind die häufigsten Fehler bei diesen Spielern?

Besonders die entscheidenden Fehler werden oft genug erst im Nachhinein klar. Wenn ein Spieler fähig ist und ihm mehrere Angebote vorliegen, gerät er immer in Zugzwang. Was ist richtig? Bleibe oder wechsle ich? Entscheidende Fragen. Man weiß eben nie so ganz genau, was in den Vereinen auf den Spieler zukommt. Überdies hört man von Freunden, Bekannten, Ratgebern, unterschiedliche Meinungen über die Strukturen in einem Verein. Ich habe diese Situation selbst erlebt, als ich zum HSV wechselte. In jener Zeit hatte ich mehrere Angebote vorliegen, doch ich entschied mich für diesen Verein. Heute sage ich: Damals habe ich mich fußballerisch nicht mehr weiter entwickelt. Hätte ich statt dessen einen kleinen Schritt nach vorn gemacht, nämlich durch eine *andere Entscheidung*, so wäre ich heute vielleicht ein bedeutendes Stück weiter in meiner Karriere-Entwicklung.

Würden Sie bereits mit Ihrer Erfahrung Tips an junge Spieler geben?

Für junge Spieler ist es wichtig, wenn sie überhaupt erst einmal ins Profigeschäft wechseln. Sie müssen einsichtig sein, daß die Ratschläge der Eltern häufig wirklich gut sind und daß sie auf erfahrene Leute zu hören haben. Fehler habe ich in jungen Jahren ebenfalls begangen. Ganz besonders habe ich dabei erkannt, daß es besser ist, nur einen kleinen Schritt nach vorn zu machen, als zwei unüberlegte Schritte auf einmal. Hier ist *weniger* oft genug *mehr*.
Wenn ein Regionalliga-Spieler in die Erste Liga zwar wechseln könnte, er sich statt dessen aber in der Zweiten Liga besser etablieren und sich wirksamer durchsetzen könnte, so ist die zweite Variante die Bessere und bringt den Spieler in seinem Lebensweg voran.

11. Das Schlimmste beim Fußball

Ein gesunder Menschenverstand weiß, daß im Leben und auch im Fußball nicht alles super ist. Was finden Sie, ist beim Fußball das Schlimmste?

Ich formuliere das mal so: Mich stören diese Unsummen von Geldern, die auf allen Ebenen in diesem Metier hinausgeschmissen werden. Ich meine, diese Gelder könnte man doch sinnvoller einsetzen. Wichtig ist, daß der DFB im Jahr 2001 die Jugend-Internate einführt.
Bedauerlich ist es zu sehen, wenn beispielsweise Borussia Dortmund fünfzig bis sechzig Millionen Mark nahezu sinnlos in den Raum wirft, und im Endeffekt dabei nur sehr wenig oder gar nichts herauskommt. Mit solchen ins Abstruse gleitenden Fehlentwicklungen ist dieser Sport in eine Krise geraten. Oder ein anderes Thema: wie beispielsweise die Nationalmannschaft

bei der Europameisterschaft 2000 abgeschnitten hat. Hier sind die wesentlichen Fehler der vergangenen Jahre offen zutage getreten, die letztlich auch die Vereine begangen haben. Die übrigen Länder in Europa haben dieses *Wesentliche* erkannt, sich nämlich technisch und taktisch zu verbessern. In diesen Betrachtungen liegt genau der bedeutende Unterschied zum deutschen Fußball. Es wurde unter anderem nicht bemerkt, wie Frankreich oder Holland leistungsfähige Jugend-Internate aufgebaut haben. Die genannten Länder haben Millionenbeträge in derartige Einrichtungen investiert und nicht nur in große Spieler. Bei dieser näheren Analyse ist leicht zu erkennen, wie langsam der deutsche Fußball in seiner Entwicklung geworden ist und damit im Mittelmaß zu versinken droht.

Die Medien spielen selbstredend eine bedeutende Rolle in diesem Geschäft. Der Sport ist vielschichtig geworden und wohl unbedingt auch auf die Medien angewiesen. Wie sehen Sie den Faktor der Medien?

Gäbe es das Fernsehen und die übrigen Medien nicht, so wäre der Fußball sicher bei weitem nicht so interessant und populär. Vor etwa fünf Jahren hielt sich die Art und Weise der Berichterstattung in den Medien noch in gewissen angemessenen Grenzen. Heute, meine ich, sind einige Überzeichnungen festzustellen. Wo die Grenzen jedoch deutlich überschritten werden - nun, das genau erleide ich soeben an meiner eigenen Person. Selbstverständlich kann ich das nicht gutheißen. Im übrigen erlebe ich wöchentlich, zum Teil wenigstens, was für unfähige Moderatoren in den Medien agieren oder wie oberflächlich und platt in der Zeitung geschrieben wird. Besonders in Deutschland wird es meist so gehandhabt, daß eigentlich zahlreiche Spieler bei den Medien eine zufriedenstellende bis gute Berichterstattung erhalten. Dieser Umstand ist auch für die Verträge förderlich. Letztlich bestimmen jedoch die Medien den Blickwinkel, nämlich *wie* ein Spieler einzuschätzen ist, über welche Qualitäten er verfügt - und nicht, wie er objektiv dargestellt werden könnte. Auch in Freiburg gibt es Spieler, die über ein ausgeprägtes spielerisches Potential verfügen und Wochenende für Wochenende gute Leistungen erbringen. Die Berichterstattung in den Medien ist oft von diesen existierenden Tatsachen gänzlich verschieden angelegt. Eine beträchtliche Anzahl der Artikel und Analysen sehe ich, mit meinem vorhandenen Fußballverstand, häufig aus einer völlig verschiedenen Warte. Da erhält ein Spieler, der vortrefflich auf dem Platz agiert hatte, eine schlechte Note und ein anderer, der womöglich schlechter gespielt hat, eine gute Note. Daran ist zu erkennen, daß einige Beschäftigte im Medienbereich keine präzise Ahnung vom Fußball spielen haben.

Welche Erfahrungen haben Sie bereits mit den Medien gesammelt?

Meine Erfahrungen sind bereits beträchtlich gewachsen, denn jede Woche treffe ich auf mindestens einen Journalisten von der Zeitung. Als Spieler habe ich damit die ausgezeichnete Möglichkeit, die unterschiedlichsten Menschen kennenzulernen. Gleichzeitig schärfe ich auch meine Sinne dafür, wer ein Freund, oder auch ein Feind sein kann.
In der Tat habe ich bereits einmal einen Journalisten abgelehnt, der mir nicht, von einer objektiven Warte aus gesehen, die entsprechenden Noten in der Berichterstattung zuteil werden ließ. Auf eine merkwürdige Art und Weise schien es seine Absicht zu sein, mich irgendwie über die Medien klein zu halten - außerordentlich bedauerlich, daß ein derartiges Verhalten möglich ist. Das sind eben die Medien und ihr Gebaren - da kann man nichts machen. Als einsatzfreudiger Spieler versuchst du von Woche zu Woche deine Leistungen zu erbringen und sie Trainer und Fans zu demonstrieren. Es ist für ihn ohne Frage demotivierend, wenn die Berichterstattung über ihn in den Medien

negativ formuliert ist. Dabei wird deutlich, was für eine bedeutende Macht die Medien im Fußballgeschäft besitzen.

12. Trainer und Beratung

Verfügt auch der Trainer über mentale Berater? Wer steht diesem Mann in schwierigen Situationen zur Seite?

Ich meine, ein Trainer hat auch seine Berater im psychologischen Bereich, denn sein Aufgabengebiet ist recht umfangreich, unter anderem auch die Spielerbetreuung und Spielersichtung. Bei Vertragsverhandlungen muß er auf zahllose Nebensächlichkeiten achten. Der Trainer beobachtet die Matchs, die Spieler sowie die jeweiligen Gegner. Angesichts dieser Fülle von komplizierten Aufgaben wird ersichtlich, wie wichtig es ist, daß ein Trainer einen guten Berater an seiner Seite weiß. In Leverkusen, wo sich Christoph Daum seinen eigenen Mental-Trainer hält, sehen wir geradezu ein Paradebeispiel.

13. Erwartungen an den Trainer

Welche Erwartungen darf ein Spieler an einen guten Trainer haben?

Daß er ehrlich versucht meinen Charakter kennenzulernen und in der Lage ist zu begreifen, welche Stärken und Schwächen mich leiten. Er sollte mir während der Zeit im Verein bei meiner Weiterentwicklung helfen können. Der kommunikative Umgang zwischen Trainer und Spieler sollte in einer harmonischen Art und Weise ablaufen. Ich bin davon überzeugt, daß eine Zusammenarbeit zwischen Trainer und Spieler von vorn herein unmöglich wird, wenn beide füreinander ungeeignet erscheinen. Gleich zu Beginn der Trainer-Spieler-Beziehung steht also die bedeutende Aufgabe im Raum, den richtigen

Punkt zwischen den Individuen herauszufinden, auf dem die angesprochene Zusammenarbeit sinnvoll erfolgen kann. Ideal wäre es, wenn der Trainer mich als Spieler *so hinnimmt*, wie ich tatsächlich bin. Er sollte möglichst nicht versuchen, mich in irgendeiner Weise ändern zu wollen, oder daß er mich vorab und vorschnell in eine Schublade zu stecken versucht, wo ich gar nicht hinein passe. Dieses Verhalten erwarte ich von einem guten Trainer.

Nehmen wir mal ein Beispiel: Mario Basler hatte bereits viele Trainer in seiner Laufbahn erlebt. Otto Rehhagel scheint einer von den wenigen Trainern zu sein, der auf eine geradezu spielerische Art und Weise mit der Persönlichkeit eines jeden Spielers umgehen kann.

Mit Mario Basler kommt ein Trainer nur klar, wenn er ihn in seiner Persönlichkeit und seiner Psychologie so beläßt, wie er ist. Allerdings sollte diese Maxime auch nicht übertrieben werden, so wie es Basler klar übertrieben hat. Da ist ein Trainer schon gefordert, etwas dagegen zu unternehmen. Ich bin davon überzeugt, daß Otto Rehhagel, der Mario Basler bereits von der Bremer Zeit her kennt, genau weiß, wie er ihn zu führen und zu behandeln hat. Prompt erbringt Basler auch seine Leistungen.

In einer Mannschaft gibt es immer zwei bis drei Stars. Meist können die Betreffenden tun und lassen, was sie wollen. Behandelt ein Trainer etwa nicht alle Spieler gleich?

In einer Mannschaft sind zwei bis drei Stars, die vorzüglich behandelt werden. Sie können sich nach ihrem Gusto gehen lassen, und es ist ihnen dennoch erlaubt, immer zu spielen. Es gibt junge Spieler, die noch im Hintergrund stehen und diese Szenerie miterleben. Über kurz oder lang melden sie die gleichen Ansprüche an und wollen ebenfalls diese Privilegien zugeschanzt bekommen. Wenn der normale Spieler seine Leistungen vorweist und der sogenannte Star nicht, dann fordert der Spieler, der im Hintergrund steht, *jetzt will ich auch spielen oder was sagen* - aber dann ist bereits das gesamte Klima gestört. So kann eine Mannschaft am Wochenende nicht harmonieren, und in ihrem Gefüge wirkt das wie ein spitzer Keil.

Ich danke Ihnen für dieses Interview, Herr Weißhaupt, und wünsche Ihnen weiterhin viel Erfolg in Ihrer Fußball-Laufbahn.

EXEMPLARISCHE BERATUNGEN

Therapie oder Gespräch

Um die Rolle der Beratung im Fußball beschreiben zu können, muß zuerst geklärt werden, was man sich unter *Beratung* in diesem Zusammenhang überhaupt vorzustellen hat.
Im folgenden werden unterschiedliche Beratungsformen vorgestellt: die *Alltagsberatung* und die sich hiervon unterscheidende *Lebensberatung* in unserem Sinne, wobei die Grenzen häufig fließend sind. Die Themenbereiche der Alltagsberatung und der klinischen Beratung sind nur kurz angesprochen.

Alltagsberatung

Die Beratung im Alltag ist sicherlich die am häufigsten vorkommende Möglichkeit von Hilfe, die sich in allen Situationen des menschlichen Miteinander-Umgehens zeigt. Sie findet täglich in Gesprächen mit der Familie, mit Freunden, Berufskollegen, aber auch mit völlig unbekannten Menschen statt.
Im Fußball kann man davon ausgehen, daß die meisten Gespräche mit beratender Absicht auch im fußballerischen Umfeld geschehen. Die Fragen zur eigenen Leistung oder zu persönlichen Problemen mit der Mannschaft werden hauptsächlich innerhalb des eigenen Vereins besprochen, sei es mit einem Teamkollegen, dem Trainer oder gar dem Vorstand.
Jedoch sind die Schwierigkeiten, die häufig durch einen voreilig gegebenen Ratschlag entstehen, nicht zu unterschätzen. Auch der "gesunde Menschenverstand" und das durch Erfahrung gesammelte Wissen aus ähnlichen Situationen hat Grenzen. Probleme einzelner Menschen sind oft so komplex und vielschichtig, daß die Lage durch eine andere Person, der das

Wissen über den jeweiligen Lebenskontext und die Gesamtsituation fehlt, nur unvollständig gesehen werden kann.
Hinzu kommt, daß bei der Suche nach Hilfe die enge Beziehung zu einem Mitspieler oder Freund im selben sportlichen Umfeld ein Hinderungsgrund für effektive Hilfe sein kann.
Es sind objektive Ratschläge durch eine kompetente Beratung von außen gefordert.

Lebensberatung

In Fällen, in denen einerseits ein Gespräch oder ein gut gemeinter Ratschlag nicht mehr weiterhelfen, und andererseits eine therapeutische Behandlung nicht notwendig ist, ist die professionelle Beratung gefragt. Professionell deshalb, weil die Fähigkeit, ein solches Beratungsgespräch effektiv führen zu können, durch spezielle Schulungen erworben werden muß. Die Beratung kann als besonderer Dienstleistungsservice gesehen werden, den man als Kunde in Anspruch nimmt, wenn man, angesichts eines vitalen Problems, in seinem Denken und Leben nicht mehr weiterkommt. Sei es, daß Probleme anstehen, bei denen der Ratsuchende die zur Entscheidung angebotenen Möglichkeiten nicht kennt. Sei es, daß eine Entscheidung schon gefällt ist, die letzte Bestätigung und Sicherheit aber noch fehlt. Oder die ganze Lage ist so konfus, daß einfach totale Ratlosigkeit und Hilflosigkeit zu einem beratenden Gespräch führen.
In der Lebensberatung wird versucht, *dem Ratsuchenden eine Änderung seiner Einstellung und seines Verhaltens zu ermöglichen, um ihn dadurch in die Lage zu versetzen, seine Probleme besser zu lösen. Beratung eignet sich besonders dann, wenn konkrete aktuelle Probleme anstehen und der Klient den Weg zur Erreichung seines Ziels überblicken kann. Ziel der Beratung ist es, die Einsichts-, Entscheidungs- und Veränderungsfähigkeit zu erhöhen.*

Lebensberatung ist mehr als Alltagsberatung, von der sie sich durch ihre Professionalität, Uneigennützigkeit unterscheidet. Es besteht auch die Möglichkeit der Vermittlung zu anderen, unterstützenden Institutionen. Ein Gespräch kann, je nach seinem Verlauf in der zu bearbeitenden Problematik, mehr einen ratgebenden oder auch einen therapeutischen Charakter haben.
Von der Therapie unterscheidet sich die professionelle Beratung durch die Intensität, mit der der Ratsuchende beeinflußt wird. Statt aufdeckend und deutend, ist die Absicht der Beratung unterstützende (präventive) Maßnahmen zusammen mit dem Klienten zu erarbeiten. Der Klient soll seine Lebensprobleme selber erkennen können. Auftretenden Problemen in der Zukunft soll er sicherer gegenübertreten können. Statt der Vergangenheit des Menschen stehen die Gegenwart und die Zukunft im Vordergrund, sowie reale und konkrete Hilfsmöglichkeiten.
Dieser Ansatz kommt der Beratung im Fußball in unserem Verständnis sehr nahe. In der Spielerberatung werden Lösungen langfristig betrachtet und nicht nur für die Dauer der nächsten Saison. Falsche oder unüberlegte Entscheidungen können der Karriere eines Spielers von heute auf morgen ein Ende setzen.

Die Fußballberatung

Voraussetzung dafür, daß ein Beratungsgespräch zustande kommt, sind meist aktuelle Probleme, hauptsächlich lebenspraktischer, sozialer, seelischer, körperlicher und wirtschaftlicher Art. Die Entscheidung für ein Beratungsgespräch ist die Einsicht, daß die eigenen Lösungsstrategien scheitern. Ein Scheitern ist also vorgegeben aufgrund mangelnder Informationen über verschiedene Möglichkeiten zur Meisterung des Problems, oder auch nur fehlendes Selbstvertrauen, eine bestimmte Entscheidung konsequent umzusetzen.

Zum Beispiel ist es einfacher, eine Entscheidung über einen Vereinswechsel zu fällen, wenn der Verein absteigt, aufgelöst oder in anderer Zusammensetzung weiter existiert. In einer derartigen Situation wird dem Sportler die Entscheidung mehr oder weniger erleichtert. Schwieriger wird es, wenn er den Verein aufgrund der subjektiven Verlockung wechseln will - einmal im Ausland zu spielen oder einfach um mehr Prestige zu erlangen. Wie steht die Familie hierzu? Oder kann sich der Ratsuchende über die Bedürfnisse der Familie (wie Kindergartenplatz, Arbeitsstelle des Ehepartners) hinwegsetzen? Wird das nicht sogar von einem Profisportler verlangt?

Diejenigen Sportler, die ein Beratungsgespräch suchen, haben in ihrer Entscheidungsfindung häufig schon alle Möglichkeiten ausgeschöpft, bevor sie die Hilfe eines Beraters in Anspruch nehmen. Die notwendige Bereitschaft, aktiv an der Lösung seiner Problemen mitzuarbeiten, ist die Grundvoraussetzung für das Zustandekommen eines erfolgreichen Gesprächs.

Jugendsport

Ein junger Fußballer spielt in einem kleinen Verein, obwohl er sich für größere Aufgaben fit fühlt. Vom Talent her hat er hierzu alle Voraussetzungen: Spielwitz, Technik, Schnelligkeit, Charakterstärke.

In diesem Fall wäre die Beratung dahingehend zu entwickeln, zu einem größeren Verein zu wechseln, dessen Jugendmannschaften in der Verbandsstaffel oder Jugendliga spielen.

Wenn ein Spieler über das wirklich große Talent verfügt, ist ihm zu raten, in der Nähe des Wohnorts ein Fußball-Internat zu besuchen, um Fußball und Schule in *einer* Komplexität zu verbinden. Was ein Jugendspieler durch diese intensive Konstellation in dieser Zeit lernt, holt er als Spieler in der aktiven Zeit nicht mehr auf. Lars Ricken von Borussia Dortmund und Sebastian Deisler von Hertha BSC Berlin lassen sich hier als Musterbeispiel für diesen Weg benennen.

Entscheidend für die eigene Karriere ist der einmal eingeschlagene Berufsweg eines jugendlichen Fußballers. Nicht jeder junge Mann hat die Möglichkeit und die Einwilligung der Eltern, eine Fußballschule zu besuchen. Abitur oder Ausbildung - oder nichts von beidem? Die Berufswahl und der Ernst, wie sie verfolgt wird, beeinflußt direkt das Pensum des Trainings. In diesem Zusammenhang tauchen unzählige Fragen auf, die einer Beratung bedürfen. Fragen, die darauf abzielen, welchen Weg der Spieler gehen kann.

Wie ist die Situation, wenn es die Umstände nicht erlauben und ich doch kein Profi werde - und ohne Schulabschluß und Fußballkarriere dastehe? Kann ich als Fußballer überhaupt eine Familie ernähren?

Amateurbereich

Die Entscheidung, den Brotberuf aufzugeben und den Traum eines Fußballprofis zu verwirklichen, muß in jungen Jahren im Amateurbereich von den Spielern immer wieder überlegt werden. Weil aber die Bezahlung (abhängig von der Liga) anfangs doch nicht so hoch ist, daß ein Spieler ohne Unterstützung auf seinen Beruf verzichten kann, ist die Planung des Berufsweg von eminenter Bedeutung.

Der Amateurspieler steht teilweise unter einer höheren Belastung als ein Profispieler. Warum? Weil der Amateurspieler je nach vertraglicher Vorgabe wie ein Profispieler täglich trainieren muß. Gleichzeitig hat er diese zeitintensive Belastung mit seinem Beruf zu vereinbaren.

Fußballspieler zu sein und parallel dazu einen Beruf auszuüben, schränkt die Freiheit der persönlichen Beweglichkeit im Falle eines Vereinswechsels enorm ein. Nicht überall kann der Spieler seinem Beruf nachgehen. Zudem ist er meist an den regionalen Arbeitsmarkt gebunden.

Derjenige Spieler, der beharrlich und mit klarer Zielvorstellung an sich arbeitet, hat die echte Möglichkeit, den Traum vom Fußballprofi zu verwirklichen. Der Amateurspieler sollte unbedingt durch gute Leistungen auf sich aufmerksam machen und sich nicht entmutigen lassen. Ein ausgebauter Kontakt zum Trainer und zu einem Spielerberater ist bei der Empfehlung für ein Probetraining von einigem Vorteil.

Profibereich

Spielweise, Trainingsengagement, Charaktereigenschaften und Umgangsart mit den Mannschaftskollegen sind für ein gutes Verhältnis innerhalb der Mannschaft ausschlaggebend.
Wenn es am Erfolg hapert, wird häufig dem Trainer die Schuld zugeschoben.
Fehlender Erfolg zeigt sich meist in einer reduzierten oder veränderten Leistung. Die darin zugrunde liegenden Defizite, ob innerhalb der Mannschaft, der eigenen Familie oder persönliche; - je nach Ursache können diese Probleme relativ einfach in den Gesprächssitzungen beseitigt werden. Die Angst vor einer erneuten Verletzung oder gar das Ende der Karriere beeinflussen den körperlichen Einsatz enorm. Das plötzliche AUS - wie gehe ich mit der Angst davor um? Wie kann ich mich im Verletzungsfall mental wieder aufbauen?
Zahlreiche Problematiken ergeben sich aus dem familiären Bereich des Spielers. Der Einfluß der Familie auf die Leistungen im Sport ist enorm und nicht zu unterschätzen. Das ungewöhnliche Leben eines Profifußballers erfordert ausgiebige Toleranz und besonderes Verständnis. Unregelmäßige Trainingszeiten am Abend und an den Wochenenden, der Aufenthalt auf dem Fußballplatz, strapazieren die Geduld der Familienmitglieder und führen zu besonderen Fragestellungen.
Dies gilt auch für den Umgang mit den Medien und der allgemeinen Öffentlichkeitsarbeit. Für manche Sportler ist es wahr geworden: vom einfachen Bürger zum hochgelobten Star in Presse und Fernsehen aufzusteign - wer würde da nicht auf Wolken schweben und manchmal den Boden unter der Füßen verlieren? Für eine nicht unbedeutende Anzahl von Spielern

hat jedoch bereits gegolten, daß dieser Traum auch ebenso gut mit einem jähen Absturz wieder enden kann.

Was kann die Beratung leisten?

Die Beratung im Fußball zielt auf eine umfassende Betreuung des Ratsuchenden ab. Berufs- und Lebensfragen sollten in einem einzigen, kausalen Zusammenhang gesehen werden. Zu den wichtigsten Punkten gehören:

Information: Der Berater hat Kenntnisse über die rechtlichen, bürokratischen und finanziellen Aspekte, die für einen Fußballspieler relevant sind. Wie sind die Modalitäten des Arbeitsvertrags? Benötigt der Spieler einen Steuerberater? In welcher Rechtssituation befindet sich der ausländische Spieler? Steht gar die Problematik einer Einbürgerung an?

Vermittlung: Die Beratung sucht die Vermittlung von Sportschulen für junge Spieler zu organisieren - bis hin zur Vermittlung eines Mannschafts- oder eines Ortswechsels. Eine effektive Beratung beschränkt sich nicht nur auf die Vermittlung im rein organisatorischen Sinne, sondern auch auf die interpersonelle Vermittlung zwischen Trainer, Mannschaft und Spieler.

Stabilisation der Persönlichkeit: Es gibt zahlreiche Methoden, um bei einem Spieler erfolgreiche Fähigkeiten in seinem psychischen Inventar zu integrieren, damit er seine aktuelle Situation künftig realistisch einschätzen kann und neuen Situationen mit erheblich ausgeweitetem Selbstvertrauen begegnet. Das *mentale Training* gibt für die gewünschte Beeinflussung der Lebenslage ein wichtiges Instrument in die Hand. Nur mit diesem Verfahren wird das Unterbewußtsein positiv programmiert. Der Proband absolviert freier und optimistischer den erwünschten Lebensweg.

Grundlagen der Beratung

Grundeinstellung: Ein *Ratsuchender* bedeutet in unserem Sinne nicht ein *Patient* oder ein *Klient* zu sein. Es wird auch nicht mit Begriffen aus der Psychotherapie oder der Psychiatrie gearbeitet. Vielmehr ist der Ratsuchende in der Gesprächssituation ein gleichberechtigter Partner. Ausgehend von der Maxime, daß er bisher sein Leben eigenständig gemeistert hat und es auch in Zukunft weiter tun wird.

Haltung: Die Ratsuchenden sind so zu akzeptieren, wie sie sind. Die jeweilige persönliche Verhaltensweise und Lebenssituation sollte vorurteilsfrei vom Berater angenommen werden. Das Schlüsselwort heißt *Empathie* und bedeutet das umfassende Hineinversetzen und das Verstehen der Situation des anderen.

Ethik: Der Ratsuchende wird als *Mensch im Ganzen* gesehen, das heißt, seine ganze Würde und Individualität werden erkannt, akzeptiert und als Grundlage des Gesprächs angenommen. Auch die gesamte Lebensperipherie, der Beruf, die Familie und die persönliche Vergangenheit sind darin beinhaltet.

Ziele: In der Beratung wird die eigentliche Autonomie des Ratsuchenden angestrebt. Es gilt immer das Motto: Hilfe zur Selbsthilfe. Was sind die Ziele des Betroffenen? Entsprechen diese Ziele seiner Situation? Wo sind die Ansatzpunkte einer Beratung zu ermitteln? Mit welchen Kompetenzen können sie verwirklicht werden? Wie sehen die detaillierten Schritte zur Lösung der anstehenden Problematik aus?

Gesprächstechnik: Die Beratung ist an keine ideologisch-theoretische Richtung gebunden. Sie nutzt verschiedene Ansätze, um sich auf die entsprechende Person einzustellen. Voraussetzung für einen erfolgreichen Gesprächsverlauf ist, daß der

Ratsuchende seine Lebensprobleme selber erkennen kann. Die Maßnahme verpufft wirkungslos, wenn der Berater noch in der Bewußtseins-Tiefe liegende Ursachen erklären und deuten würde, die dem Ratsuchenden noch gar nicht bewußt sind.

Der wichtigste Schritt: Das Gespräch

Es ist nun hinreichend geklärt, aus welchen Gründen ein Problem bei einem Spieler auftreten kann und warum eine Beratung angestrebt wird. Geklärt ist auch die innere Haltung des Beraters zum Ratsuchenden. Das Ziel ist somit formuliert - es fehlt nur noch ein wichtiger Schritt dazwischen: das Gespräch selbst als Bindeglied zwischen Problem und erkannten Lösungsstrategien.

Gemeinsam zur Lösung

Der Gesprächsverlauf einer Beratung läßt sich inhaltlich grob in *drei Phasen* unterteilen:

- *in das, was ist* (wahrnehmen, erkennen der Situation und des Problems)
- *in das, was war* (erinnern und vergegenwärtigen von Problemsituationen sowie deren Bearbeitung)
- *in das, was sein soll* (Bildung eines Ziels und Neuorientierung).

Ein Beratungsgespräch beginnt mit einer gezielten Frage oder einem direkt angesprochenen Problem. Mit diesem Gesprächsstart stellt sich der Unterschied zur Therapie dar - denn nur ein selbständiger Mensch kann auch treffend ein persönliches Problem erkennen und auf seinen persönlichen Zuschnitt hin formulieren. Bei der Aufnahme einer Therapie ist dieses Vermögen oft schon stark beeinträchtigt. Ausschließlich die Erwartungen und Wünsche des Ratsuchenden bestimmen den Verlauf des Gesprächs, nicht die Absichten des Beraters.

Oft sind es konkrete Fragen, die mit Hilfe von Informationen seitens des Beraters beantwortet werden können. Verschiedene Möglichkeiten einer Lösung müssen besprochen und analysiert werden, um die eigentliche Situation des Ratsuchenden zuerst konkretisieren zu können.

Das Gespräch stellt einen Prozeß der gemeinsamen Lösungsfindung dar. Der Berater bringt seinen nützlichen Informationsvorsprung ein, sowie seine Fähigkeit, Zusammenhänge zwischen Problem und Entscheidung aufzudecken. Der zu Beratende leistet seinen Beitrag zum Gespräch, indem er sein Problem ausführlich schildert und einzugrenzen sucht. Somit ist von einem gegenseitigen und fruchtbaren Abhängigkeitsverhältnis in der Beratung zu sprechen. Aus diesen Darlegungen heraus ist zu erkennen, daß die Persönlichkeit des Beraters eine entscheidende Rolle einnimmt. Er muß in der Lage sein, Zuhören zu können, klar zu beobachten, Wahrzunehmen und Zusammenhänge rasch zu begreifen - wobei nicht nur die festgestellten Tatsachen des Ratsuchenden berücksichtigt werden dürfen, sondern auch seine nonverbalen Botschaften. Diese offenbaren sich in der Körpersprache und der Haltung des Gegenübers. *Nachdenken, abschätzen, entscheiden, handeln.* Der Berater muß sich sinnvoll in die Situation des Ratsuchenden hineinversetzen (Empathie) und mit seinen Erfahrungen das zu behandelnde Problem ausloten können. Nur als gleichwertige Partner sind die Probleme miteinander zu erarbeiten und die gefundenen Resultate auszuwerten. Nur bei einem aufrichtigen Engagement seitens des Beraters kann sich auch das Engagement und die erwünschte Aktivität bei dem Ratsuchenden entwickeln.

Fehlerquellen

Autoritäre Entscheidungen des Beraters sind zu vermeiden. Der Berater sollte der *Berater* bleiben und ein hilfreicher Wegweiser sein. Eine verfehlte Beratungssituation liegt vor, wenn der Ratgeber seine Empfehlungen dem Probanden aufdrängt oder ihn gar zu einer Entscheidung nötigt. Er hat sein Ziel verfehlt, wenn sich der Ratsuchende unselbständig und unverstanden fühlt, wenn er moralisiert, also nur negative oder positive Werturteile ausspricht. Es muß vermieden werden, daß sich der Ratsuchende verurteilt oder manipuliert sieht. Der Berater hat mit dem notwendigen Ernst vorzugehen, das heißt, er sollte ein vorgebrachtes Problem nicht bagatellisieren, denn sonst fühlt sich der Ratsuchende nicht verstanden und von oben herab behandelt. Ein erstrebenswertes Profil des Beraters bildet die Fähigkeit, niemals seine nötige Distanz aufzugeben oder seine Selbstkontrolle zu verlieren.

Ansatzpunkte für den Fußballer

Die notwendigen Fähigkeiten für einen Berater in der Betreuung von Profisportlern ergeben sich aus den oben genannten Problemen, die sich automatisch im Leistungsbereich des Sports zeigen. Bei der Beratung von Fußballspielern sind Fachkenntnisse auf dem Gebiet des Sports (wie eigene Erfahrungen als Spieler oder Trainer) gefragt, die sich mit den allgemeinen Anforderungen der Beratung verbinden lassen. Im folgenden sollen derartige Fähigkeiten und Aufgaben genannt werden. Der Berater muß

- *mit den Problemen und Schwierigkeiten des Profifußballs vertraut sein und sie möglichst schon selbst erlebt haben*
- *die Fähigkeit haben, derartige Schwierigkeiten den ratsuchenden Spielern bewußt zu machen*
- *eine spezielle Jugendberatung übernehmen können*

- *die typisch sportlichen Probleme bezüglich der Leistung des Spielers kennen*
- *zu finanziellen Problemen konkreten Rat wissen*
- *sich in der Öffentlichkeits- und Image-Arbeit auskennen*
- *mit den deutschen Behörden und den Institutionen vertraut sein*
- *Methoden zur mentalen Stärkung parat haben*
- *die Folgen und Möglichkeiten eines Mannschafts- oder eines Ortswechsels kennen*
- *bei auftretenden Problemen innerhalb der Mannschaft oder mit dem Trainer die Gegenpositionen vertreten oder darstellen können*
- *den Trainer, Spieler und den Schiedsrichter beraten können.*

Jeder Gedanke, ob er positiv oder negativ erlebt wird, entscheidet über den Erfolg oder Mißerfolg seiner Ziele. Ein wichtiger Schritt für die positive Weiterentwicklung des Probanden liegt darin, sich im *Sich-bewußt-werden* einzuüben, um damit in der Lage zu sein, zu einer präzisen Erkennung und Definition der eigenen Lebenslage zu gelangen. Diese Planung erfolgt in der Sitzung durch das Gespräch. In der Folge ergeben sich neue Zielsetzungen für den Ratsuchenden und die Neu-Definition dessen, was er tatsächlich erreichen will. Ein Ziel kann nur erreicht werden, wenn überhaupt eines in der Vorstellung existiert, das also über entsprechende Wunschphantasien entwickelt wurde. Ist dieses Plateau der Gesprächslage erklommen, sind im weiteren Verfahren eventuelle Erfolgshindernisse gezielt zu orten und zu beseitigen.

Der Mensch denkt etwa fünftausend Gedanken am Tag. Bei dieser massierten Ansammlung an Vorgängen scheint es dringend notwendig zu sein, zu lernen, wie man seine Gedanken aufbauend und konstruktiv ordnen kann, um dasjenige auch wirklich zu erreichen, was man erreichen will.

Das Armtest-Interview

Das Armtest-Interview ist ein zuverlässiges Instrument zu prüfen, ob Lebensenergie im Körper fließt oder ob sie sich blockiert. Wie geschieht das?
Der zu Beratende nimmt gewisse funktionale Bereiche seiner Probleme in Stichworten in sein Bewußtsein auf oder bekommt sie vom Berater vorgegeben. Zum Beispiel: Wohnort, Verein, Trainer, Mitspieler, Manager, Präsident, Position.
Zuerst wird die Kraft gemessen. Der zu Beratende streckt seinen Arm waagrecht nach außen. In der Folge werden alle Fragen-Bereiche ermittelt. Die Energie zeigt über den Muskel Hindernisse an oder sie signalisiert, daß die angesprochenen Bereiche in Ordnung sind. Dabei muß der Berater selbst in einer psychisch guten Verfassung sein, um die Ergebnisse in Prozenten ausdrücken zu können. Zeigt nun ein Spieler bei der Frage, etwa zum Verhältnis mit dem Trainer, eine etwa dreißigprozentige Schwächung, so kann anschließend in der Besprechung auf diesen Bereich intensiv eingegangen werden. Durch das Gespräch kann das Problem gelöst sein. Sind jedoch tiefere Probleme vorhanden - der Trainer benachteiligt den Spieler in der Aufstellung und ähnlichem - dann gebe ich dem Ratsuchenden die Aufgabe, die Situation *mental umzuerleben*.

Ablauf einer Beratung

Wird eine Mannschaft von mir mental gecheckt, ergibt sich häufig die Konsequenz, daß drei oder vier Spieler aus dem Team ausscheiden sollten. Diese drei oder vier Sportler stören die harmonischen, gruppendynamischen Prozesse in der Mannschaft. Die Empfehlung auf ihr Ausscheiden beruht nicht auf den spielerischen Vorgaben, sondern auf der Unvereinbarkeit der mentalen und charakterlichen Persönlichkeitslage. Bei weiteren drei bis fünf Spielern existieren mentale, zwischenmenschliche Hindernisse, die jedoch positiv umgekehrt werden können.

Der wichtigste Schritt besteht wohl darin, drei bis vier neue Spieler gezielt einzukaufen, die dem sensiblen System des Trainers und der charakterlichen Parameter des Teams entsprechen. Ein Transfer dieser Bedeutung ist im Vorfeld *mental* zu überprüfen. Erst nach präziser Vorarbeit wird eine derartig entscheidende Maßnahme eine lohnende Investition.

Wie funktioniert das mentale Training?

Die Grundvoraussetzung für den echten Erfolg besteht darin, durch eine wirksame Konzentrationsübung das unablässige Räderwerk der Gedanken zu stoppen. Langfristig entwickelt sich bei dieser Strategie Körper und Geist in zunehmender Harmonie und Ausgeglichenheit.
Hierzu ein Beispiel. Ein Trainer möchte sich in der freien Rede verbessern (Mannschaftsbesprechung, Öffentlichkeitsarbeit).
Für eine gute Rede ist eine ergiebige Vorbereitung der Grundstock für den Erfolg. Notizen zum Thema sollten vorab schriftlich vermerkt sein. Keinesfalls sollte ein Text auswendig gelernt werden, denn bei diesem Verfahren beraubt sich der Redner jeder Natürlichkeit.
Ich rate zur *Stegreifrede*. Der Trainer stellt sich geistig lebhaft und bildlich vor, wie er der Mannschaft voller Begeisterung seine Rede vorträgt. Er imaginiert vorab genau die Art und Weise, wie er sprechen und artikulieren wird. Er dreht geistig vorab einen Film von der erwünschten Situation und beginnt auf diesem Weg bereits mit der Verwirklichung seines Zieles. Das erfolgreich absolvierte künftige Ziel wird in einer gedanklichen Vor-Konstruktion visualisiert und im Bewußtsein fest verankert. Das Unterbewußtsein ist in der Folge positiv vorprogrammiert. Diese gedanklichen Maßnahmen werden flankiert von der Bestimmung des Selbstwertgefühls. Vorhandene Defizite, Traumata durch negative Lebenserfahrungen, müssen durch Einübung im Gespräch reguliert werden.

Ich kenne fachlich und fußballerisch exzellente Trainer. Ohne die freie Rede jedoch können sie keinen dauerhaften Erfolg erringen.

Je nach Alter und den Lebensumständen des Sportlers sind die Anlässe, die zu einer Beratung führen, wie auch die Intensität und Dauer der Beratung, recht unterschiedlich. Ein Jugendfußballer benötigt bei der Planung seiner Karriere eine andere Beratung als ein erfahrener Profi mit akuten Leistungsdefiziten, oder ein Amateurfußballer, der wiederum mit anderen Voraussetzungen agiert und mit veränderten Belastungen umgehen muß.
Anlässe, die eine ausführliche Beratung erfordern können, ergeben sich aus den drei unterschiedlichen Leistungsbereichen des Fußballs: Jugend-, Amateur- und Profibereich. Im folgenden sind einige Beispiele thematisch genannt, die in der eigentlichen Gesprächssituation in der bisher beschriebenen Weise ausführlich analysiert und entwickelt werden, das heißt, *mental* verarbeitet werden.

Beratung der Spieler von Fortuna Köln

Spieler Marc Spanier von Fortuna Köln
Der Spieler Marc Spanier hat früher bei Bergisch Gladbach gespielt und ist über die Landes- und Verbandsliga zur Oberliga aufgestiegen.
Seiner Meinung nach fehlt in der Mannschaft das Selbstvertrauen. Einige sensible Spieler kommen mit der Tonart des Trainers nicht klar, und die Kommunikation innerhalb der Mannschaft ist nicht ausreichend. Im Spiel gegen Nürnberg fühlte er sich nicht gut und wollte in der Halbzeit ausgewechselt werden.

Spanier hat bei Leverkusen einen Vertrag über zwei Jahre und wurde an Fortuna Köln ausgeliehen. Der Leihvertrag läuft demnächst aus.

Armtest-Interview:
Manndecker, Defensive und Kopfball sind gut. Rechter Fuß stark, linker Fuß schwach. Der Verein Fortuna Köln zeigt positiv an. Gutes Verhältnis zum Trainergespann. Störungen zeigt er im Verhältnis zum Spieler Mousawi und zu Schiedsrichtern, weil gewisse Vorurteile vorhanden sind.

Zielsetzung des Spielers:
Er möchte besser werden als in der vergangenen Saison und in der oben Hälfte mitspielen. Weiterhin wünscht er sich ein positives Einwirken des Trainers.

Spieler Grilic
Der Spieler Grilic agierte bei DC München, Bayern München und 1860 München. Er war sieben Monate verletzt. Mit Trainer Gerland hatte er einen ausgezeichneten Lehrmeister. Man merkt Grilic an, daß er ein intelligenter Spieler ist. Seit zwei Jahren spielt er bei Fortuna Köln. Er ist der Meinung, daß Trainer Toni Schumacher sehr ehrgeizig ist. Darüber hinaus verfügt er über eine funktionierende Zusammenarbeit mit Co-Trainer Ralf Minge.
Probleme in der Mannschaft sieht er in den zahlreichen neuen Spielern und den hieraus resultierenden Kommunikationsschwierigkeiten. Diese Einschätzung äußerte sich auch darin, daß zur Geburtstagsfeier des Managers von zwanzig Spielern nur fünf erschienen sind. Er meint, daß die Mannschaft näher zusammenrücken sollte und daß die Spieler nicht kritisch und ehrgeizig genug sind.

Armtest-Interview:
Beim Spieler Grilic zeigt offensives Mittelfeld positiv an, aber eine Schwäche bei Defensive und Kopfball. Er macht aber gute Fortschritte.
Sein Verhältnis zum Trainergespann ist positiv. Der Torwart Hajdu erzeugt Negativstimmung durch das *Nicht-Spielen* und schwächt dadurch das Team.
Sein Verhältnis zum Schiedsrichter ist eher negativ und sollte verbessert werden. Als Spieler kann er sich taktisch unterordnen. Er verfügt über ein prima Verhältnis zum Spieler Wynhoff. Teamspieler Ledwon sieht er menschlich in bestem Licht, was aber dessen taktische Fähigkeiten betrifft, so sieht er ihn eher mit einem Mangelhaft in der Leistung.
Ihn stört, daß die Spieler teilweise keine Kritik vertragen. Er meint, daß einige Spieler zu negativ denken und daß die Mannschaft auch außerhalb des Platzes mehr unternehmen sollte. So könnte auch die mangelnde Lockerheit der Mannschaft verbessert werden.

Zielsetzung des Spielers:
Er möchte gerne aufsteigen und sich weiter entwickeln.

Spieler Hans Schneider
Der Spieler Hans Schneider hat Sport studiert und zehn Jahre in der Oberliga gespielt. Er war fünf Jahre Mannschaftskapitän und hat als Manndecker und Libero gespielt. Er kennt Trainer Lutz Hangartner aus Freiburg. Das Verhältnis zum Trainer ist durch zwischenmenschliche Probleme belastet. Er hält ihn für übertrieben autoritär. In der vergangenen Saison haben sich ältere Spieler zum Thema Trainer an die Presse gewandt. Bei einem Vorfall in St. Pauli wurde übermäßig Alkohol konsumiert.
Seiner Meinung nach ist ein ergiebiges Potential in der Mannschaft vorhanden und die Plazierung hängt davon ab, wie gut die zwischenmenschlichen Beziehungen funktionieren. Beruf-

lich möchte er sich in Richtung Reha-Kondition weiterbilden und im Verein Fortuna Köln verbleiben.

Armtest-Interview:
Im Interview zeigte sich, daß sein Kopfballspiel gut ist und er das Libero-Spiel beherrscht. Sein Verhältnis zum Schiedsrichter ist jedoch eher negativ. Sein Verhältnis zum Trainer Toni Schumacher ist befriedigend, zum Trainer Ralf Minge sogar sehr gut.

Zielsetzung des Spielers:
Die Kommunikation zwischen Spieler und Trainer soll verbessert werden, und es sollte nicht alles streng nach Vorschrift und einem Regelbuch im beidseitigen Zusammenleben ablaufen.

Spieler Sarpei
Seit drei Jahren ist der Spieler Sarpei in Deutschland. Er hat bei Victoria Köln, in der Oberliga und bei den Amateuren der Landesliga von Fortuna Köln gespielt. Die Mannschaft hatte einen schlechten Saisonstart.
Das Spiel verläuft in der ersten Halbzeit unbefriedigend und schleppend. Im Gegensatz hierzu spielt die Mannschaft in der zweiten Halbzeit unbekümmert auf. Dennoch leidet sie unter einem erheblichen Mangel an Selbstvertrauen.

Armtest-Interview:
Sarpeis Verhältnis zu den Trainern Toni Schumacher und Ralf Minge ist einwandfrei. Sein Wunsch ist es, eventuell höherklassig zu spielen. Die Identität zum Verein ist leicht geschwächt, ebenso die Position des Manndeckers. Das Mittelfeld ist spielerisch gut.
Der Spieler Ledwon aus Leverkusen wirkt sich durch zwischenmenschliche Probleme negativ aus. Probleme sieht er darin, daß sich die Spieler gegenseitig nicht ausreichend helfen.

Zielsetzung des Spielers:
Er möchte seinen Stammplatz halten, mannschaftsdienlich spielen und weiterhin möglichst viel lernen. Wenn die Saison befriedigend verläuft, wäre eine Plazierung auf dem sechsten oder achten Platz wünschenswert. Momentan ist das Verhindern des Abstiegs unbedingt vorrangig.

Spieler Toralf Konetzke
Der Spieler Konetzke hat bei Energie Cottbus neun Jahre gespielt und war dort Kapitän. Der Verein ist in die Zweite Liga aufgestiegen. Profi wurde er 1997. Er wechselte 1998 zu Fortuna Köln, weil das Angebot finanziell attraktiver war und er sich unbedingt verbessern wollte. Geplant war der Aufstieg in die Erste Liga. Am 30.08.1998 zog er sich eine Verletzung des rechten Außenknöchels und einen Bänderriß zu. Auch in der abgelaufenen Saison war das Spiel in der ersten Halbzeit nicht zufriedenstellend. Er bemängelte die schlechte Kommunikation zu den ausländischen Spielern.

Armtest-Interview:
Als Stürmer zeigt der Spieler sehr gut an; das Mittelfeldspiel ist jedoch geschwächt. Trainer Toni Schumacher ist sehr positiv. Der Spieler Konetzke verfügt über eine starke Persönlichkeit. Zum Stürmer Mousawi zeigt er menschlich positiv an. Die Konkurrenz ist geschwächt. Beim Spieler Hajdu stört ihn die Gleichgültigkeit, die sich negativ auswirkt. Er ist für verstärkte Selbstkritik.

Vorschläge des Spielers:
Die Verständigung in der Mannschaft sollte verbessert werden. Die Videoanalyse ist nicht gerade sinnlos, aber die Spieler verstehen nicht immer den eigentlichen Hintergrund. Wichtig wäre es, bei dieser Thematik tiefer zu gehen. Auch gewonnene Spiele sollte man kritischer analysieren und im Training wiederholen, was im Spiel negativ aufgefallen war.

Meine Empfehlung lautete bei der Beratung vor allem: mehr Konkurrenz schaffen.

Torwart Attila Hajdu
Torwart Hajdu ist achtundzwanzig Jahre. Er ist ungarischer Nationaltorwart und hat bei Fortuna Köln fünf Spiele absolviert. Torwart Hajdu hat als Ersatztorwart Motivationsprobleme. Wegen einer Kreuzbandverletzung in Budapest konnte er dreizehn Monate nicht mehr spielen. Seit einem Jahr ist er bei Fortuna Köln.
Beim Spiel in Karlsruhe agierte er nicht, findet aber, daß Ersatztorwart Bobel tadellos spielte. Diese Situation war sehr schwierig für ihn. Er hat den Platz in der Nationalmannschaft verloren.
Nach seiner eigenen Einschätzung ist er besser als der Ersatztorwart Bobel. Sein Vertrag läuft für diese Saison mit einem Jahr Option. Im vergangenen Jahr hat der Trainer den Torwart nicht aufgestellt, weil er sein Diplom zu Ende gebracht hat. Diesen Umstand sieht der Torwart Hajdu als positiv an.

Armtest-Interview:
Attila Hajdu ist ein ausgezeichneter Torwart. Flanke, Strafraum und Rückpaß sind akzeptabel. Das Verhältnis zu Libero und Manndecker ist geglückt. Beim Spieler Konetzke wird die häufige negative Stimmung schlecht bewertet, ansonsten ist das Verhältnis jedoch gut. Bei den Schiedsrichtern ist das Verhältnis abhängig von der jeweiligen Spiel-Situation. Training und Torwarttraining sind ausgezeichnet bewertet.

Zielsetzung des Spielers:
Torwart Hajdu möchte in der Ersten Liga spielen und wäre dort gerne Kapitän.

Spieler Daniel Graf

Der Spieler Daniel Graf kam von den Amateuren des 1.FC Kaiserslautern und wollte zu Bochum wechseln. Er ist zweiundzwanzig Jahre, Torjäger und hat bisher zwanzig Tore geschossen. Trainer Toni Schumacher ist ihm sehr sympathisch, und er schätzt die gute Integration und das gute Klima in der Mannschaft. Seiner Meinung nach sind noch zu viele neue Spieler in der Mannschaft, und das Quentchen Glück fehlt noch.

Seiner Einschätzung nach läuft es in der zweiten Halbzeit besser, weil die Spieler über mehr Kraft und Ausdauer als die Gegner verfügen. Als er im Spiel gegen Nürnberg ausgewechselt wurde, verspürte er Frustration.

Armtest-Interview:
Als Spieler der Zweiten Liga zeigt Graf positiv an, in der Ersten Liga noch schwach. Das Verhältnis zu Cheftrainer Toni Schumacher spricht sehr gut an, zu Ralf Minge gut. Zum Verein Fortuna Köln und zu den Schiedsrichtern ebenfalls positiv. Um das Kopfballspiel zu verbessern, sollte er es *mental umerleben*. Sein Verhältnis zum Spieler Grilic zeigt positiv an.

Zielsetzung des Spielers:
Graf möchte Stammspieler werden und bei der Plazierung vorne mitspielen.

Torwart Bobel

Bei Torwart Bobel, der aus Polen stammt, ist die Verständigung noch nicht ausreichend. Trainer Toni Schumacher sieht seiner Meinung nach den Torwart anders als die übrigen Spieler der Mannschaft. Seiner Einschätzung nach befindet sich das noch junge Team in etwa einem Jahr *auf dem Punkt*. Noch sind die Spieler zu oft zu nervös. Das Team verfügt über interessante Potentiale, aber noch fehlt der entscheidende Mut.

Bobel hält das Torwarttraining und das Mann-schaftstraining für zufriedenstellend. Der Trainer vermittelt ihm, daß er zu weich sei und egoistischer werden müsse. Wichtig für den Torwart ist das Aufwärmen bis zur Müdigkeit.

Armtest-Interview:
Bei Bobel sind Strafraum, Flanke und Rückpaß gut. Zu den Manndeckern zeigt er Schwäche an. Er hat Angst, die Spieler ohne Bedrängnis anzuspielen und daß unnötige Fehler entstehen. Zu Libero Hans Schneider zeigt er schwach an. Die Persönlichkeit des Torwarts Bobel zeigt Unsicherheit und Nervosität.

Zielsetzung des Spielers:
Der Aufstieg kann kommen - er will sich in die Erste Liga verbessern. Er wünscht sich, daß in Spielersitzungen die Taktik vertieft angesprochen wird. Sein Vorbild ist Matysek von Bayer Leverkusen. Möglicherweise fehlt ein fähiger Stürmer. Der Spieler Schneider ist kein typischer Libero.
Ich empfahl Bobel besonders verstärkt einen Deutschkurs zu besuchen, um seine Kommunikation entscheidend zu verbessern. Sein Selbstvertrauen sollte er durch autogenes Training stärken und sich thematisch entsprechende Suggestionen eingeben.

Spieler Reijko Tavcar
Spieler Tavcar ist fünfundzwanzig Jahre und Slowene. Er hat 1994 und 1995 in der Oberliga gespielt und ein Probetraining in Unterhaching absolviert. Er stammt aus der Dritten Liga und hat die Position linkes Mittelfeld oder Manndecker inne. Tavcar ist kein Stammspieler. Er verfügt über eine akzeptable Einstellung und ist der Meinung, daß der Mannschaft der Mut fehlte, als sie in der ersten Halbzeit in Rückstand geriet.

Armtest-Interview:
Das Mittelfeldspiel ist leicht geschwächt, Manndecker und Schiedsrichter sind gut. Sein Verhältnis zu den Trainern Toni Schumacher und Ralf Minge ist positiv. Tavcars Persönlichkeit ist gutartig. Sein linker Fuß ist gut, der rechte schwach. Sein Zweikampfverhalten ist positiv, und er ist nicht mit zwischenmenschlichen Konflikten belastet.

Zielsetzung des Spielers:
Wenn die Mannschaft endlich wieder zusammen-finden würde, wäre Platz zehn möglich. Er möchte unbedingt einen festen Stammplatz erreichen.

Spieler Adam Ledwon
Der Spieler Ledwon ist fünfundzwanzig Jahre, stammt aus Polen und ist seit anderthalb Jahren in Deutschland. Seine Deutschkenntnisse sind noch nicht ausreichend. Etwa ein Jahr hat Ledwon bei Bayer Leverkusen gespielt und absolvierte dort zehn Spiele. Seit zwei Monaten ist er bei Fortuna Köln unter Vertrag. Seine Position ist Mittelfeld, zentral-defensiv.
Seiner Einschätzung nach müssen die Spieler die Taktik verstärkt erlernen und dahingehend vom Trainer auch intensiv angesprochen werden. Nur so sei das Team in der Lage, während des Spiels mehr Druck auf den Gegner auszuüben. Die Spieler sind im Spielfluß von der Angst gehemmt, spielerische Fehler zu begehen. Die Mannschaft ist noch nicht auf einem harmonischen, fruchtbaren Level angelangt.

Armtest-Interview:
Die Position Manndecker und Mittelfeld ist gut, das Kopfballspiel schwach. Der Zweikampf ist stark. Das Trainergespann und der Masseur zeigt er ausgeglichen an. Die Schiedsrichter signalisieren unterschiedlich, je nach Einstellung. Sein rechter Fuß ist gut, der linke kann noch verbessert werden.

Empfehlung: Da Ledwon bei dem größeren Verein Leverkusen spielte, könnte es durchaus nicht unwahrscheinlich sein, daß einige Spieler nun neidisch sind. Möglicherweise vermittelt er den Kollegen das Gefühl, ihnen überlegen zu sein. Diese Einstellung will er ändern.

Auswertung der Spieler
Hauptsächliches Problem für Torhüter Bobel ist sein mangelndes Selbstvertrauen. Er spielt die Manndecker nicht ohne Bedrängnis an und hat Angst zu versagen. Er verfügt über nicht genügend Vertrauen zu Libero Hans Schneider. Er spielt lange Bälle und bindet dadurch die Mittelfeldspieler nicht ein.

Attila Hajdu hat vermehrtes Selbstvertrauen und Sicherheit. Er dirigiert besonders vorrangig in seinem Spiel und sieht in Manndecker Marc Spanier spielerische Kompetenz. Auch die Beziehung zu Libero Schneider stimmt.

Marc Spanier benötigt im wesentlichen eine erheblich verbesserte Vorbereitung zum Spiel.

Alle jungen Spieler wie Graf, Grilic, Sarpei und Tavcar sind von Trainer Schumacher rundum begeistert und durch die positive Atmosphäre im Verein auch mit bester Motivation lernwillig.

Bei Adam Ledwon gibt es auffällige sprachliche Probleme, die es dringend zu vermindern gilt. Schumacher hat daher die Absicht, daß jeder ausländische Spieler mit einem deutschen Kollegen das Zimmer teilt.
Empfehlung: Beim Frühstück oder Mittagessen sollten die Mannschaftsteile zusammensitzen, um die dabei entstehenden positiven, gruppendynamischen Effekte weiter auszubauen und zu nutzen.

Hans Schneider integriert sich mit verbessertem Erfolg im Verein, weil ihn klar umrissene, berufliche Ziele antreiben. Seine persönliche Kompetenz hat an Kontur gewonnen, und so ist er in der Lage, Verantwortung zu übernehmen.

Toralf Konetzke hat immer wieder auftauchende Angst-gefühle endlich überwunden. Noch immer jedoch mangelt es ihm an einem echten Identitätsgefühl zum Verein und zur Mannschaft. Zu sehr sind für ihn andere, eher oberflächliche Werte wichtig, wie schnelle Autos und ein entsprechender Lebenswandel.

Aus den bisher formulierten Auswertungen ergeben sich für Cheftrainer Schumacher folgende Empfehlungen: Ganz besonders wichtig für die Mannschaft ist, daß das Trainergespann optimal harmoniert. Zu überprüfen ist, ob die jungen Spieler zur Höchstleistung in der Zweiten Liga fähig sind. Der Trainer sollte versuchen in Mannschaftssitzungen und Einzelgesprächen Angstgefühle und den Druck von den Spielern zu nehmen.
Die Auswertung der Spieler ist zufriedenstellend ausgefallen. Sie versuchen verstärkt ihr Verhalten zu ändern, um künftig noch bessere Leistungen zu erbringen. Es wäre zu prüfen, ob mit den Spielern mit Suggestionen gearbeitet werden kann.

GELD VERPFLICHTET: MARCO BODE

Der Bremer Spieler schaffte den Sprung vom Reservisten bis zum Stammspieler in der Nationalmannschaft. Einen besonderen menschlichen Stellenwert nimmt seine Bescheidenheit ein. Als ein geglücktes Musterbeispiel sehe ich seine Vertragsverlängerung bei Werder Bremen. Sie erfolgte trotz höher dotierter Angebote von anderen Vereinen. Bode schätzt die Lebensqualität und das Wohlgefühl bei Werder.

Die meisten Spieler schauen in solchen Situationen einseitig auf das Geld und nicht auf die harmonischen Zustände im Verein. Ein Profispieler sollte nach zehn Jahren Fußball ausgesorgt haben - das gilt als eine grobe Faustregel im Profigeschäft. Nach eigener Aussage von Marco Bode macht Geld ab und zu schlichtweg *Angst*.

Nach dem Bosmann-Urteil sind die Spielergehälter inzwischen in schwindelnde Höhen geschossen. Sensible und emotional unbeständige Sportler mit anfälligem Charakterkostüm haben Wachsamkeit zu zeigen, um nicht den Bezug zur Realität, zur Welt außerhalb des Fußballplatzes zu verlieren.

Der Vertrag von Marco Bode ist bis ins Jahr 2001 in Kraft. Ein anschließendes Angebot aus dem Ausland könnte einen attraktiven Ausklang der Karriere begünstigen. Als zusätzliches Bonbon hat Werder Bremen ihm den Job als Sportdirektor versprochen. Für einen Profispieler und Neu-Nationalspieler sind das hervorragende Bedingungen für die Zukunft.

Strukturen in den Vereinen

Verschleudertes Geld - Beispiel VfB Stuttgart

Wie pleite ist der VfB? Wird beim VfB eine Finanzkrise vertuscht? Trainer Ralf Rangnick verriet im kleinen Kreis, daß ihm bei seiner Verpflichtung kein reiner Wein eingeschenkt wurde. Entgegen den Beteuerungen des Präsidenten, daß die Mannschaft zusammen bleibe, wurden Frank Verlaat und Fredi Bobic für 19,5 Millionen Mark verkauft. Geld, das dringend woanders gebraucht wurde.

Der VfB ist mit hohen Ausgaben belastet. Das Gehalt von Krassimir Balakov, bis zum Vertragsende im Jahre 2002, schlägt mit satten fünfzehn Millionen Mark zu Buche. Thomas Schneider verdient 1,9 Millionen Mark im Jahr. Mit den Einkäufen von Sasa Markovic und weiteren Tribünen-Hockern wie Zaharievskis, wurden etwa weitere zehn Millionen Mark an Ablösen und Gehältern in den Sand gesetzt. Hinzu gesellten sich weitere fatale Flops.

Didi: Kaum war die erste Ablöserate von etwa einer Million Dollar nach Brasilien bezahlt, hielt das Knie des Stürmers nicht mehr.

Jens Todt: In Bremen schlug der Mann ein Angebot über 1,5 Millionen Mark Jahresgehalt aus, weil der VfB ihn mit noch mehr Geld lockte. Bisher zählt Todt jedoch zu den Dauerverletzten.

Weitere fatale Ausgaben: Abfindung für den entlassenen Joachim Löw: 500.000 Mark (Betrag war festgeschrieben). Auflösungsvertrag mit Winfried Schäfer (Dezember bis März arbeitslos): 800.000 Mark.

Die Differenz des Gehalts zwischen Löw und Schäfer für fünf Monate betrug 450.000 Mark.

Co-Trainer Wolfgang Rolff kassierte als Ersatz für Rainer Adrion in sechs Monaten (Vertrag wurde zum 31.12.1998 einvernehmlich aufgelöst) 180.000 Mark. Der Fehleinkauf Sasa Markovic (Belgrad) kostete drei Millionen Mark Ablöse, plus 900.000 Mark Gehalt für eine Saison. Der Fehleinkauf Sergjan Zaharievski belief sich auf satte 800.000 Mark Ablöse, plus 300.000 Mark Gehalt für sechs Monate. Der Zuschauerrückgang um zehntausend Besucher im Saisonschnitt beläuft sich am Saisonende auf ein Minus von 4,25 Millionen Mark.

Was noch verloren gehen kann: keine UEFA-Cup-Teilnahme in der nächsten Saison. Dadurch fehlen die entsprechenden, ehemals einkalkulierten Fernseh-Einnahmen aus dem Einzelvertrag mit ISPR über fünf Millionen Mark pro Runde. Es gibt keinen Liga-Cup-Start. Die fehlende Antrittsgage: 500.000 Mark. Bei Pokalsieg gibt es im übrigen 2,5 Millionen Mark Preisgeld.

...und was sonst noch so ausgegeben wurde: Da fallen einem schon die tausendzweihundert Mark Taxikosten von Martin Spanring ins Auge. Die Fahrt bedeutete die An- und Abreise zu einer von Trainer Winnie Schäfer angesetzten Mannschaftsaussprache vor dem Auswärtsspiel in Nürnberg.

Ein weiterer fragwürdiger Posten: Besonderer Personenschutz durch die Firma AOS bei der Pressekonferenz. Dort wurde Winnie Schäfer vorgestellt und der Ablauf der ersten Trainingseinheit - achthundert Mark.

Bewirtungen im Feinschmecker-Restaurant Hotel Erbprinz, in Ettlingen (Schäfers Wohnort) - tausend Mark. Dort traf sich der Trainer mit Gerhart Mayer-Vorfelder mehrmals zum Krisengipfel - bei köstlichen Speisen und Getränken.

Konstatierter Verlust: 11,38 Millionen Mark.

Borussia Dortmund - Eine Analyse

Mehr Masse, wenig Klasse - mit etwa einundachtzig Millionen Mark gab die Borussia mehr Geld aus, als jeder andere Klub im Land. Die erhoffte Verbesserung mit den achtzehn eingekauften Zugängen hat sich allerdings nicht eingestellt. Auch hier scheint das Geld in den Sand gesetzt zu sein.

Für Borussias Präsident wird die Lage zunehmend dramatisch. Der wachsende Druck durch den geplanten Börsengang setzt ihm erheblich zu. Wie ein Damoklesschwert hängt die anhaltende Erfolglosigkeit über ihm. Obwohl auch der Trainerwechsel - Bernd Krauss für Michael Skibbe - wirkungslos verpuffte, ist Dr. Niebaum weiter davon überzeugt, mit seiner Borussia auf dem richtigen Weg zu sein. *Wir haben seit 1998 achtzehn neue Spieler integrieren müssen. Das geht nicht von heute auf morgen.* Fast trotzig fügt er hinzu: *Dennoch sind wir stark genug, um uns für die Champions-League zu qualifizieren.*

Bernd Krauss hatte das Millionen-Erbe übernommen und scheiterte daran, diese Mannschaft auf Vordermann zu bringen. Er sagte: *Die Mannschaft ist willig und kämpft. Im spielerischen Bereich aber liegt vieles im Argen. Für wirklich guten Fußball fehlen in Dortmund derzeit einige Grundvoraussetzungen.*

Wie Borussia Dortmund augenblicklich agiert, so grenzt das geradezu an Geldvernichtung. Vor der Saison hatte Dortmund gerade mal fünfzig Millionen Mark in die Mannschaft investiert.

Niebaum: *Herrlich identifiziert sich nicht mehr mit dem Verein.* Nun traf der Stürmer beim 1:1 gegen Ulm und auch beim 1:1 in Freiburg. Ausgerechnet Herrlich sorgt also dafür, daß Niebaum wieder etwas ruhiger schlafen kann. Dieser Mann ist nun sogar ein Hoffnungsträger, der in der Hinrunde zehntausend Mark Strafe zahlen mußte, weil er die Arbeit von Trainer Michael Skibbe kritisiert hatte.

Der Vorstand hingegen gaukelt den Fans schon seit längerer Zeit eine heile Welt vor. Ein Beispiel: Präsident Dr. Gerd Niebaum verkündete noch nach der Trennung von Michael Skibbe selbstgefällig: *Herr Skibbe hat hervorragende Arbeit geleistet. Er hinterläßt seinem Nachfolger Bernd Krauss ein intaktes Umfeld.* Von Selbstkritik also keine Spur.

Kaum ein Spieler aus der eigenen Stadt befindet sich noch im Kader. Es mangelt an Kampfbereitschaft. Womit soll sich der Fan überhaupt noch identifizieren? Hinzu kommt bei vielen Stars das fehlende Sozialverhalten. Ihr Umgang mit den Fans ist zum Teil nicht professionell. Beispiele belegen diese Feststellung. So kam ein Drittel der Spieler vorzeitig von einer Fanclub-Feier mit der faden-scheinigen Begründung zurück: *Wir haben den Weg nicht gefunden.*

Tief enttäuscht zeigte sich ein Großsponsor von Lars Ricken. Mehrfach hatte man den verletzten Jungstar gebeten, während eines Spiels zur Stippvisite auf die Stammtisch-Ebene des Westfalenstadions zu kommen. Vergeblich. Was hilft es da, wenn in Dortmund der VIP-Bereich Stammtisch-Ebene heißt, aber immer weniger Volksnähe demonstriert wird? Torwart Jens Lehmann erklärt lapidar, *die Pfiffe der Fans jucken mich gar nicht.* Derlei Bemerkungen erleichtern nicht die Arbeit von Lothar Emmerich und Aki Schmidt, den Ex-Idolen und heutigen Fan-Beauftragten.

Demnach steht der geplante Börsengang alles andere als unter einem guten Stern. Borussias Image-Schaden ist schon jetzt beträchtlich. *Borussia Dortmund* ist eine Marke, die man ständig pflegen muß. In den letzten Wochen und Monaten hat sie stark an Glanz verloren.

Die Krise von Borussia Dortmund - sie macht auch vor BVB-Präsident Dr. Gerd Niebaum nicht Halt. Kritiker werfen ihm mittlerweile einen inkonsequenten Führungsstil vor. Seit dem Gewinn der Champions-League im Jahr 1997 häufen sich bei ihm die Widersprüche.

Anfang 1999 kündigte Niebaum an, *im Jahr 2000 die Tabelle wieder von oben zu kontrollieren. Die Bayern haben drei Jahre Vorsprung. Wir befinden uns noch im Neuaufbau. Wir haben den Stall voller eigener Talente. Die Zeit ist angesichts des Bosmann-Urteils und der gewaltigen Spielergagen reif dafür, im Team einen Weg für den Nachwuchs zu ebnen. Teure Einkäufe würden alle Plätze zumachen.*
Ein halbes Jahr später die Kursänderung: *Wir werden durch Zukäufe die Hierarchie der Mannschaft verändern.* Seit dieser Zeit investierte Dortmund etwa einundachtzig Millionen Mark.
Heiko Herrlich blüht in diesem Kader wieder auf, was bereits für jeden Zuschauer ersichtlich ist. Die schwere Zeit vor dieser Saison ist vergessen. Seinen Vertrag in Dortmund bis 2001 wird er bestimmt erfüllen.

Dortmunds neuer Trainer verrät erstmals, daß er über ganz andere Vorstellungen als Vorgänger Skibbe verfügt und attackiert die Stars. Wieviel darf er nun ausgeben? *Darüber habe ich mit dem Vorstand noch nicht gesprochen. Aber ich bin es gewohnt, möglichst günstig einzukaufen. Das hat meistens gut geklappt.* Was ist mit teuren Spielern wie Trondheims Stürmer Carew oder Dogan aus Istanbul? *Carew und Dogan sind sehr interessante Spieler. Dogan kenne ich noch gut aus seiner Uerdinger Zeit. Aber gerade bei Carew wird die Finanzierung ein großes Problem. Meine Vorstellungen unterscheiden sich sogar erheblich von denen meines Vorgängers. Schließlich will ich ein völlig anderes System spielen lassen. Ich setze auf die Viererabwehrkette und werde einen Andreas Möller niemals auf Linksaußen stellen. Für mich ist entscheidend, daß wir wieder spielstarke Mittelfeldspieler bekommen und dafür weniger Allroundkräfte. Sobald Möller nicht spielt, mangelt es an Kreativität. Wolfgang Feiersinger etwa ist ein guter Fußballer, aber leider auch schon fünfunddreißig Jahre alt und Libero. Ich aber will mit Viererkette spielen. Außerdem läuft sein Vertrag ohnehin aus.*

Und was wird aus Matthias Sammer? Ein heikles Thema. *Ich glaube nicht, daß er noch einmal als Spieler zurückkehrt. Sein Knie ist schließlich noch immer nicht belastbar.*
Sollte ihn Borussia auf andere Weise einbinden? *Klar, ich würde gern mit ihm zusammenarbeiten. In welcher Form auch immer. Ob er das Zeug zu einem guten Trainer hat, versucht Matthias ja gerade selbst herauszufinden. Ich halte es für richtig und wichtig, daß er bei Christoph Daum in Leverkusen über die Schulter schaut. Selbstverständlich hat er auch bei mir jederzeit die Möglichkeit dazu.*
Die heutige Situation ist nicht mit der damaligen zu vergleichen, als Borussia die Italien-Heimkehrer verpflichtete. Die kamen als gestandene Profis zurück. *Jetzt befinden wir uns im Umbruch. Evanilson ist erst dreiundzwanzig Jahre alt und damit noch am Anfang seiner Entwicklung. Gerade ihn jedoch haben sie heftig attackiert und suspendierten ihn mit Dédé und Barbarez vor dem Frankfurter-Spiel.*

Der geplante Börsengang der Borussia Dortmund wurde bereits mehrfach wegen der sportlichen Situation verschoben. Vor einem Börsengang müssen die Verträge der Lizenzspieler geändert werden, so daß die Weiterbeschäftigung auch unter der neuen Gesellschaftsform ausdrücklich vereinbart wird. Geschieht das nicht, wird den Verträgen die rechtliche Grundlage entzogen.
Der Kölner Rechtsanwalt Norbert Nasse: *Aus dem Gesichtspunkt des Vertragspartnerwechsels könnte den Spielern ein Kündigungsrecht zustehen.*
Zehn Verträge aktueller Lizenzspieler wurden bis zum Sommer 1998 geschlossen, zwei davon laufen zum Saisonende aus (Möller und Feiersinger). Die übrigen acht Papiere enden später. Der BVB könnte normalerweise Ablöse verlangen. Bei einer Umwandlung in eine Aktiengesellschaft aber wären die Spieler ablösefrei. Welchen Verlust das für den Verein bedeuten würde, zeigt der aktuelle Marktwert dieser acht Sportler.

Der Weltpokal-Sieger von 1997 plant momentan erneut satte Ausgaben. Der vierundzwanzigjährige Abwehrspieler Mustafa Dogan soll zur neuen Saison von Fenerbahce Istanbul wechseln. Die geforderte Ablösesumme der Türken beträgt fünf Millionen Dollar. Noch teurer ist der zwanzigjährige norwegische Wunschstürmer John Carew, den Trondheims Manager Rune Bratseth nicht unter zwanzig Millionen Mark nach Dortmund ziehen lassen will. Obendrein, heißt es, verlangt der Torjäger das rekordverdächtige Jahresgehalt von knapp acht Millionen Mark.

Bei Andreas Möller ging eine Zeitlang das Gerücht um, daß er für angeblich zwanzig Millionen Mark nach England wechseln wollte. Nach langem Hin und Her wechselte der Spieler in der Saison 2000/2001 zu Schalke 04.

Neuester Einkauf ist der Ex-Borusse Jörg Heinrich.

Bleibt zu hoffen, daß angesichts dieser bevorstehenden teuren Transfers Borussia Dortmund keine weiteren Fehler mehr unterlaufen.

Neuer Cheftrainer ist Matthias Sammer.

SPIELER-VERÄNDERUNGEN BEI BORUSSIA DORTMUND

	Spieler	Ablöse	Bisheriger Verein	Gehalt
1.	Karsten Baumann (30)	2 Mio.	Köln	1 Mio.
2.	Christian Nerlinger (26)	ablösefrei	Bayern München	3,8 Mio.
3.	Dèdè (21)	6,8 Mio.	Atlètica Mineiro	3,5 Mio.
4.	Alfred Nijhuis (33)	1 Mio.	Urawa Red/Japan	1,2 Mio.
5.	Sergej Barbarez (28)	ablösefrei	Rostock	2 Mio.
6.	Thomas Häßler (33) Von 34 möglichen Einsätzen nur 18 mal eingesetzt und nur einmal durchgespielt. Fühlte sich nie akzeptiert. Der 97fache Nationalspieler flüchtete zu 1860 München.	ablösefrei	KSC	6,7 Mio.
7.	Bachiruo Salou (29)	8 Mio.	MSV Duisburg	3 Mio.
8.	Thomas Hengen (25)	ablösefrei	KSC	700.000
9.	Jens Lehmann (30)	7 Mio.	AC Mailand	6 Mio.
10.	Miroslaw Stevic (30)	1,5 Mio.	1860 München	2,3 Mio.
11.	Everaldo Batista (25)	900.000,--	Uniáo Sáo Joáo/Brasilien	700.000,--
12.	Christian Wörns (27)	12,5 Mio.	Paris St.-Germain	6,4 Mio.
13.	Billy Reina (27)	5 Mio.	Bielefeld	3 Mio.
14.	Otto Addo (24)	500.000,--	Hannover	1,5 Mio.
15.	Fredi Bobic (28)	11,5 Mio.	VfB Stuttgart	5,8 Mio.
16.	Viktor Ikpeba (26)	17 Mio.	AS Monaco	5,5 Mio.
17.	Sead Kapetanovic (28)	ablösefrei	Wolfsburg	1,2 Mio.
18.	Evanilson (23)	8 Mio.	Cruzeiro Belo Horizonte	3,5 Mio.

Der Neuaufbau des SC Freiburg

Nach dem Abstieg von der ersten in die Zweite Liga mußten neunzehn Spieler ihren Abschied nehmen. Erstmals im Fußball hält ein Präsident trotz Mißerfolgs am Trainer, hier an Volker Finke, fest und tauscht statt dessen die Mannschaft aus.

Als einer der wichtigsten Einkäufe galt Richard Golz. Ein Trainer muß aus unbekannten Spielern ein homogenes Team formen können. Mit etwa vierundzwanzig Millionen Mark fällt der Etat des Vereins im Vergleich zur Konkurrenz eher bescheiden aus.

Boubacar Diarra, Mehdi Ben Slimane, Levan Kobiashvili, Adel Sellimi, Ali Günes, Levan Tskitishvili, Alexander Iashvili, Zoubaier Baya - durch das Bosmann-Urteil kommen immer mehr ausländische Spieler nach Deutschland, was für den eigenen Nachwuchs nicht förderlich ist.

Meiner Meinung nach spielen zu viele ausländische Spieler in der Mannschaft des SC Freiburg. Ihr Vorteil liegt in ihrer preisgünstigen Marktlage. Der Nachteil ist mangelnde Zwischenmenschlichkeit in der Mannschaft und ungenügende Integration bei Mannschaft und Publikum. In Freiburg sind die Erwartungen inzwischen höher gestiegen. Es reicht nicht mehr aus, *nur* gegen den Abstieg zu spielen.

Ein großer Vorteil von Trainer Volker Finke ist, daß er Englisch und Französisch spricht. Die Spieler nehmen an einem Deutschunterricht teil, um sich von vorn herein besser im täglichen Leben in der neuen Heimat zurechtzufinden. Bei Freiburgs Neuverpflichtungen spielt immer noch der Präsident Achim Stocker eine tragende Rolle. Nach seiner Afrika-Reise hatte er Diarra und Diallo im Gepäck.

Welche Kriterien muß ein Spieler mitbringen, um in das Freiburger System hineinzupassen? Als erstes sollte die Bereitschaft vorhanden sein, sich bedingungslos dem System unterzuordnen. Ein großes Laufvermögen ist obligatorisch, um sich konditionell effektiv ins Spiel einzubringen. Die Mannschaft spielt die moderne Raumdeckung mit Überzahlspiel, das heißt mit aufwendigem Laufaufwand. Der Spieler muß über eine ausgefeilte Grundtechnik am Ball verfügen.

Volker Finke: Der Wiederaufstieg des SC Freiburg - Ein hartes Stück Arbeit

Die Jugend- und Amateurarbeit ist außerordentlich lobenswert. Das Trainergespann arbeitet in höchster Effizienz zusammen. Der Verein verpflichtete mit Andreas Rettig einen passenden Manager. Das Präsidium wird vorbildlich geführt und das Unternehmen ist wirtschaftlich gesund.

Felix Magath: Ein Trainer stellt immer den höchsten Anspruch

Dieser interessante Mann verfügt über ein klares Konzept und hatte das Glück, als Trainer selbst die besten Lehrmeister gehabt zu haben: Ernst Happel und Branco Zebec. *Ich glaube, in der heutigen Zeit ist mehr denn je die Psychologie - also die behutsame und geschickte Menschenführung - erforderlich.*

Felix Magath: Ein Trainer mit hohen Anforderungen

Es existiert das entscheidende Problem, daß bei vielen Vereinen die Strukturen nicht mehr stimmig sind. Präsidenten und Manager kommen und gehen. Letztlich sollen es trotz aller Umstrukturierungen und Wandlungen die Trainer richten. Wie lange kann dieses Verfahren gutgehen? Um hohe Funktionalität im Verein zu erhalten, hat der Präsident fest im Sattel zu sitzen.

Es ist nicht unbedingt notwendig, daß er vom *Fach* stammt, aber eine Ausbildung und gründliche Erfahrung in der Wirtschaft sind erwünscht. Im Profibereich sollte ein Manager vorhanden sein, der in die Struktur paßt und der zwischen Verein und Präsident vermittelt. Ebenso sollte sein entscheidender Einfluß auch für die Ein- und Verkäufe von Spielern, in Absprache mit dem Trainer, unbestritten sein. Doch welche Situation findet ein Trainer statt dessen vor? Es existieren keine klaren Absprachen in der Fußballabteilung und in der Vorstandsetage.

Felix Magath fordert Überstunden für Fußballprofis - so könnte man seine Hauptforderung beschreiben. *Ich habe schon immer formuliert, daß Bundesligaspieler in einer gewissen Art von Traumwelt leben. Oft können sie dadurch ihren eigentlichen Lebensplan verfehlen. Wenn die Spieler in ihrer Persönlichkeit nicht reifen, sich zusätzlich nicht weiterbilden und finanziell nicht klug haushalten, kann eine plötzlich einbrechende Baisse in der Karriere sie ganz erheblich aus der Bahn werfen.*

Felix Magath ist als Trainer nicht zu hart. Er fordert lediglich, daß für die erhaltenen, beträchtlichen Gelder, auch ehrliche Arbeit verrichtet wird. Darüber hinaus hat der Zuschauer diese Einstellung verdient. Die Spieler müssen körperlich fit sein, um in der Bundesliga mit Bravour bestehen zu können. Bei einem Trainingsaufwand von drei Stunden am Tag und einer gleichzeitigen Million Mark als Gage, sollte man diesen Einsatz erwarten dürfen.

Für die Sportler ist es konstruktiv, vom letzten Spieltag eine Art Dialog zu schreiben, um alle Höhen und Tiefen des Spiels noch einmal zu erleben und zu analysieren. Das nenne ich mentale Arbeit, nämlich aus dem Erlebten Rückschlüsse zu ziehen, festzustellen, was richtig und was falsch ist.

Um das Trainings-Szenario auf diese Verfahrensweise einzustellen, fehlt es oft noch an einer professionellen Einstellung. Dieser wichtige Umstand ist mit ein Grund, daß uns derzeit die

Engländer, Franzosen, Holländer und Italiener fußballerisch überlegen sind.

Trainer aus dem Ausland: Giovanni Trappatoni:
Zweifellos ist dieser Mann ein Sympathieträger. Sein Outfit ist tadellos. Seine Mimik und Gestik ist beim Publikum unvergeßlich. Das große Problem dieses Trainers ist nach wie vor seine mangelnde Sprachkenntnis.
Der Trainer sollte keine bestimmten Spieler aus irgend einer Sympathie heraus bevorzugen. In persönlichen und sportlichen Belangen sollte er sich stets weiterentwickeln. Bei Giovanni Trappatoni ist dies der Fall. Immer war die notwendige Grund-Ordnung in einem Spiel zu erkennen. *Der Trainer sollte beim Auswechseln der Spieler nicht immer stur nach einem Schema, sondern psychologisch mit einem guten Fingerspitzengefühl vorgehen.*
Ich würde keinem Verein einen ausländischen Trainer empfehlen, wenn er nicht in den Grundfesten die Sprache des Landes beherrscht und eine gewisse Sympathie für dieses Land empfindet.
Auch Scala bei Borussia Dortmund hat nach seiner einjährigen Amtszeit - Platz zehn, dreizehn Niederlagen, fünfundfünfzig Gegentore - schon ausgespielt. Obwohl sein Deutsch etwas besser ist als bei seinem Trainerkollegen Trappatoni. Unter seiner Leitung gewinnen die Jüngsten, Lars Ricken und Vladimir Butt, weder Laufduelle, noch *klebt ihnen der Ball am Fuß*. Die Leistungsträger tragen ihre Ideen nicht dem Trainer vor.

DER VEREINSWECHSEL

Immer wieder stehen Spieler und Trainer vor der Frage, ob sie ihren derzeitigen Verein wechseln sollten. Viele Wechselabsichten unterliegen der Versuchung des in Aussicht gestellten Geldes. Ein Vereinswechsel sollte ernsthaft in Erwägung gezogen werden, wenn der Spieler keine Chance mehr sieht, sich im jetzigen Verein weiter zu entwickeln. Auch ein gestörtes Verhältnis zum Trainer ist ein ausreichender Grund zur Veränderung.

In meinem Fragebogen werte ich folgende Antworten aus: Fühle ich mich im Verein wohl? Wie ist mein Verhältnis zum Trainer? Wie ist mein Verhältnis zu den Mitspielern? Wie komme ich mit der Medienlandschaft klar? Spiele ich auf der richtigen Position? Wo liegen meine Stärken und meine Schwächen? Wie haben sich Partnerin oder Familie eingelebt?

Die Auswertung dieser Antworten führt zu einer kompetenten und höchst wahrscheinlich richtigen Entscheidung. Um eine noch präzisere Auswertung zu erhalten, wende ich zusätzlich noch das *Armtest-Interview* an. Dadurch erhält der Ratsuchende ein zuverlässiges Ergebnis.

Beispiele eines Vereinswechsels

Rätselhafter Abstieg - Rodolfo Esteban Cardoso

Er ist achtundzwanzig Jahre alt - also im besten Fußballeralter. Der Argentinier galt für zahlreiche Sachverständige als einer der besten Fußballer, den es in Freiburg je zu sehen gab. Nicht nur seine ausgefeilte Technik und seine präzisen Pässe - die ruhenden Bälle in Standardsituationen waren seine Stärke. Alle Eckbälle waren fast schon halbe Tore - ein Elfmeter kein Thema, und die Freistöße boten erste Qualität.

Für einen Spielmacher ist es wichtig, daß der Trainer die Taktik auf ihn ausrichtet. Mit Jens Todt verfügte Cardoso über einen Bodyguard, der ihm die Defensivarbeit abnahm. Hätte ich Cardoso damals beraten, hätte ich ihm (Armtest-Interview) niemals einen Vereinswechsel nach Bremen oder Hamburg empfohlen, denn er hatte Schwachpunkte.

Rodolfo Esteban Cardoso: Diesen Werdegang hat sich der Spieler nicht im Traum vorgestellt.

Schon seit langer Zeit beobachte ich, daß Spieler beim Vereinswechsel erhebliche Fehler begehen. Ein attraktives Angebot trifft ein - aber in den seltensten Fällen werden bei der Entscheidungsfindung Aspekte beachtet, wie das Vertrauensverhältnis zum Trainer oder zwischenmenschliche Dispositionen (siehe Checkliste im Buch *Was soll ich tun ? Beratung im Fußball*).

Beispiele hierfür: Thomas Häßler wechselt nach Dortmund. Christian Wörns wechselt nach Paris. Früher: Pierre Litbarski wechselt nach Paris und Manfred Kaltz changiert nach Bordeaux und so weiter.

Thomas Häßler
Er führt ein abwechslungsreiches Vereinsleben. Häßler spielte beim 1 FC Köln, Juventus Turin, AS Rom, beim Karlsruher SC, bei Borussia Dortmund und bei 1860 München.
Icke Häßler zeigt jedoch immer häufiger Gesten der Ratlosigkeit. Wieder einmal läuft das Dortmunder Spiel an ihm vorbei, und er findet hartnäckig zu keinem sportlichen Anschluß. Dem Klassespieler Häßler dürfte ein derartiger Vereinswechsel, wie in jüngster Zeit geschehen, eigentlich nicht passieren. Eine Situation ist eingetreten die aufs Neue beweist, daß eine gewisse charakterliche Ebene zwischen Spieler und Trainer existieren muß und auch hervorragend funktionieren sollte - um auch auf der sportlichen Ebene großartige Erfolge erzielen zu können. In einer Beraterstunde kann dieses Thema eingehend erörtert werden. Ein Europa- und Weltmeisterspieler hat größte Achtung verdient. Häßler gehört zu den sensiblen Spielern, die ausreichenden Zuspruch benötigen. Er zählt zu den charakterlich einwandfreien Sportlern, die sich jeder Trainer in seinem Team wünscht. Von vorn herein galt es als ein Problem, mit zwei Spielmachern (Andreas Möller) in die Saison zu starten - obwohl im modernen Fußball bei dieser Überbelastung jede Position doppelt belegt sein sollte.
Einer Aussage des Trainers Michael Skibbe nach, ist Häßler ein prima Talent. Allerdings wirft er ihm mangelnde Fitneß vor. Häßler ist ein Spieler, der keine Laktatwerte braucht, denn nach erlittenen Verletzungen ist er in der Lage durch eine gezielte Spielpraxis seine Leistung wieder voll abzurufen. Borussia Dortmund wollte den Spieler gar in die Schweiz abschieben. Trotz eines Drei-Jahres-Vertrags wurden ein Drittel des Gehalts von zwei Millionen Mark bezahlt.

Auch in Köln beklagte sich Häßler, daß der Vorstand und der Trainer mit ihm keine Gespräche führten. Angesichts eines latenten Drucks und eines permanenten Streßempfindens, stellten sich bei ihm psychosomatisch bedingte Atembeschwerden ein.
Später wechselte Häßler zu Juventus Turin. Das Heimweh nach seiner Familie blieb nicht aus. Mit dem täglich immer wieder entstehenden Verkehrschaos der Stadt hatte er stets zu kämpfen. Doch auch bei Juventus Turin erfuhr Thomas Häßler weiterhin eine ignorante Behandlung. Fürsorgliche Zuwendung von der verantwortlichen Seite fehlte vollkommen.
DFB-Professor Heinz Liesen bringt diese Situation auf den Punkt und analysierte: *Der Mann ist verletzt, nicht am Körper, sondern an der Seele. Er bewegt sich in einer psychischen Blockade.* Einzige Stütze: Ehefrau Angela, gleichzeitige Managerin des Spielers. Aber auch da kam es später zum Bruch.
Der Wechsel zum AS Rom brachte ihn in Höchstform. Dort spielte er von 1991 bis 1994. Bei der Europameisterschaft 1992 in Schweden wurde er zum besten Spieler des Turniers gekürt. Die Weltmeisterschaft 1994 in den USA begann vielversprechend und voller Hoffnungen. Mit einem frühen Aus gegen Bulgarien wurden weitere Träume zunichte gemacht. In Häßler brannten Selbstvorwürfe über das verlorene Kopfballduell gegen Letchkov, und er fühlte eine Zurückweisung im Kreis der Nationalmannschaft. Thomas Häßler stürzte erneut in ein tiefes Loch.
Durch den Vereinswechsel von Italien nach Karlsruhe zu Winfried Schäfer wurde der Spieler wieder glücklicher. In Karlsruhe erhielt er den für ihn so wichtigen Zuspruch. Die Europameisterschaft 1996 in England erlebte er als eine Krönung seiner Karriere. In den Matches gewann er etwa die Hälfte aller Zweikämpfe. Im November 1996, in einem UEFA-Pokal-Achtelfinal-Hinspiel schoß Häßler zwei Tore. Endstand 3:1.
Bei einem Zusammenstoß im Spiel mit Düsseldorfs Jörg Bach (Körpergröße 1,91m) erlitt Häßler einen Bruch am Knöchel,

einen Riß des Innenbandes im Sprunggelenk, einen Riß des vorderen Syndesmosebandes und eine Kapselverletzung. Eine Operation verlangte das Einsetzen einer Metallplatte, die mit sieben Schrauben im Bein befestigt wurde. Anfang oder Ende? Krise als Neubeginn?
Häßler kam wieder. Er verletzte sich. Häßler kam erneut. Gewiß eine harte emotionale Prüfung für ihn: der Abstieg 1998 mit dem KSC in die Zweite Liga. Trotz harter Kritik hielt Bundestrainer Berti Vogts jedoch an ihm fest.
Es folgte der Vereinswechsel zu Borussia Dortmund. Seine Familie war dieses Mal nicht an seiner Seite. Auch kein Trainer, der ihn mental stärkte. Folglich rutschte Häßler vom gefragten Stammspieler zum Wasserträger im Trainingsanzug ab.
Der Wechsel nach München - Trainer Werner Lorant wollte ihn bereits schon eine Saison vorher im Kader wissen. Bei 1860 wird Thomas Häßler in der Hierarchie des Spielmachers akzeptiert. Auch die Fans stehen hinter ihm. Der Trainer hat für ihn die Aufgabe eines Ziehvaters übernommen - ein Happy End?

Thomas Häßler: Nach der Misere bei Borussia Dortmund geht es bei 1860 München wieder bergauf

MENTALES TRAINING
VON VOLKER SAUTTER

Volker Sautters Publikation *Mentales Training für Fußballspieler* wird vom Fußball-Bundesligisten VfB Stuttgart besonders empfohlen. Der ehemalige Frauen-Bundestrainer Gero Bisanz hat das Material einer erfolgreichen Prüfung an der Sporthochschule Köln unterzogen, und Ralf Rangnick, Trainer des Bundesligisten VfB Stuttgart, hat ein ausführliches und positives Gutachten darüber geschrieben.
Volker Sautter scheint mit seinen autogenen Trainingsmethoden den Durchbruch geschafft zu haben. Der ehemalige Berater beim SSV Reutlingen und diplomierte Lehrer für autogenes Training hat auf seiner Empfehlungsliste nach eigenen Angaben neben Fußball-Profis auch Tennis-Nachwuchskräfte. *Die Methoden sind eigentlich für alle Sportarten anwendbar. Die es ausprobiert haben, sind deutlich besser geworden*, formuliert Sautter. Hauptnutzen: *Selbstbewußtsein stellt sich ein. Das ist gerade das, was die meisten Fußballer zu wenig haben*, schreibt Sautter weiter, der für die Saison 1999/2000 bei Mainz 05 mit Trainer Wolfgang Frank zusammenarbeitet.

Das mentale Training hilft, durch Autosuggestion - also die *Selbsteinredung* (lateinisch *suggere* eingeben, anraten) - unsere körperlichen und geistigen Kräfte aufeinander abzustimmen. In der Folge heißt das, sie in gezielter und kontrollierter Weise freizusetzen. Besonders im Sportbereich ist dieses Phänomen wichtig. Wer kennt nicht die Situation, in der man trotz eines harten Trainings und bester Vorbereitung nicht die erwartete Leistung bringt? Diese so häufige und schmerzvolle Erfahrung begründet sich erfahrungsgemäß hauptsächlich in der fehlenden Koordination von Körper und Geist. Eben diese besondere Koordination kann durch das mentale Training erreicht werden. In diesem Zusammenhang ist die nicht zu widerlegende Beziehung zwischen Körper und Geist zu berücksichtigen.

Das natürliche Prinzip der Harmonie zwischen Körper und Geist ist effektiv zur Steigerung unserer körperlichen Leistungen nutzbar. Folglich sollte sich der Athlet nicht nur dem körperlichen Training widmen, sondern er muß auch dem Geist ein erhebliches Training zukommen lassen, um Körper und Geist in einen wirkungsvollen, funktionalen Einklang zu bringen. Das individuell zugeschnittene *mentale* Trainingsprogramm führt zur richtigen Freisetzung der körperlichen Kräfte.

Gewinnen auf der Couch

Die Tour de France wird im Kopf entschieden, so Radprofi Jan Ullrich. Spätestens seit Boris Becker ist die mentale Stärke für Sportinteressierte ein Begriff geworden. Training allein für den Körper reicht nicht aus, ebenso muß der Geist fit sein. Jetzt gibt es auch ein mentales Trainingsprogramm, speziell zugeschnitten für Fußballer. Entwickelt hat es der Tübinger Volker Sautter.

Wir alle kennen diese Szenen. Vor dem Abfahrtslauf stehen die Skiläufer am Starthaus und bewegen sich mit speziellen Haltungen und Gestiken wie in Trance. Sie bereiten sich damit mental auf das eigentliche Rennen vor und visualisieren dabei vorab in Gedanken noch einmal jede einzelne Kurve des Parcours.

Jeder Sportler hat auch schon erlebt, daß partout keine achtbare Leistung gelingen will, obwohl er sich in Topform befindet. Beispiel Tennis: Der Gegner ist technisch unterlegen und doch tritt er so selbstbewußt auf, daß er die entscheidenden Punkte macht. Er ist psychisch, er ist *mental* stärker.

Die Psyche hat entscheidenden Einfluß auf das Leistungsvermögen, und sie kann trainiert werden. Spitzensportler machen

sich solche profunden Erkenntnisse seit Jahren zu Nutzen. Nicht nur das körperliche Training entscheidet über Sieg und Niederlage, sondern auch die mentale Vorbereitung. Was für Skirennläufer, Leichtathleten, Tennisspieler, Golfer schon lange üblich geworden ist, ist bei den Fußballern bisher nahezu unbekannt und damit ungenutzt. Ausgangspunkt ist das *autogene Training*. Dabei versetzt sich jeder selbst durch einfache Befehle in einen entspannten Zustand, beispielsweise *Ich bin ganz ruhig*. Diese Technik ist leicht zu erlernen, und das Unterbewußtsein wird mit dem Ziel *Entspannung* beeinflußt. Darüber hinaus kann sich jeder durch die Autosuggestion im wahrsten Sinne des Wortes selbst stark reden, oder sich *per coaching*, also durch Beratung, stark reden lassen.
Sautters Programm besteht aus zwei Compakt Disks - eine mit gezielter Entspannungsmusik, die zweite mit sieben Einheiten von Strategien der Autosuggestion. Die Fußballer können wählen zwischen der Stärkung des Selbstbewußtseins, oder der Tiefen- und Muskelentspannung. Außerdem werden Einheiten für die Einzelfunktionen Torwart, Abwehrspieler und Stürmer angeboten, sowie der Spieleinstellung. Eine Sitzung täglich über einen Zeitraum von vier Wochen und zusätzlichen dreißig Minuten vor jedem Spiel - so Sautter - sollen die Spieler die Einheiten in aller Ruhe hören, etwa bequem auf dem Sofa liegend.
Welches Resultat ist zu erwarten? Sautter arbeitete mit dem SSV Reutlingen zusammen. Der Backnanger Ralf Rangnick, damals SSV-Trainer, bescheinigt:
In all diesen Bereichen (Selbstbewußtsein, Selbstvertrauen, Persönlichkeitsbildung, Charakter- und Willensstärke, Disziplin und Belastbarkeit in Streßsituationen) war bereits nach drei Monaten, bei fast allen Spielern, eine deutliche Verbesserung der mentalen Stabilität erkennbar. Der SSV wurde in dieser Saison Deutscher Amateurmeister.
Sautter war von Januar bis Dezember 1996, während meiner Zeit als Trainer der Regionalliga-Mannschaft des SSV Reutlin-

gen, als Mentaltrainer für die psychologische Betreuung einzelner Spieler zuständig. Er betreute während dieser Zeit mehr als die Hälfte des Spielerkaders der ersten Mannschaft. In den ersten zwei Monaten seiner Tätigkeit erarbeitete Volker Sautter mit den Spielern nach jedem Mannschaftstraining die Grundprinzipien des autogenen Trainings und der Körperentspannung. Die Spieler erreichten bereits nach wenigen Wochen, durch die von Sautter entwickelten Programme und Techniken in einen Zustand der körperlichen und mentalen Entspannung zu gelangen.

Bereits während dieser Zeit versuchte er, sowohl durch die Erstellung eines Fragebogens, als auch durch die entsprechende Befragung von Trainer, Co-Trainer und der Spieler, ein detailliertes Bild über die individuellen Problembereiche der Spieler zu erhalten. Anhand der dadurch gewonnenen Informationen erstellte Sautter, gemeinsam mit mir, individuelle Programme für jeden Spieler. Fortan arbeitete er nach jedem Training und vor den Wettspielen mit jedem einzelnen an den Bereichen Selbstbewußtsein, Selbstvertrauen, Persönlichkeitsbildung, Charakter- und Willensstärke, Disziplin und Belastbarkeit in Streßsituationen.

Die Spieler selbst waren von der Arbeitsweise des Mentaltrainers, sowie von den damit verbundenen Erfolgserlebnissen begeistert. Selbst Spieler mit einem deutlich unterentwickelten Selbstwertgefühl schafften es am Ende immer häufiger, ihr Leistungsvermögen auch in wichtigen Wettkampfsituationen auszuschöpfen.

Durch seine sympathische und offene Art gewann Sautter sehr schnell das Vertrauen der Sportler. Auch im Trainerteam war er durch seine zurückhaltende, ehrliche und jederzeit engagierte Arbeitsweise vollständig integriert und beliebt.

Ralf Rangnick, Trainer vom VfB Stuttgart: *Da ich den Bereich der psychologischen Betreuung im Leistungssport für enorm wichtig halte, kann ich Herrn Sautter jedem teamorientiert arbeitenden Trainer nur bestens empfehlen.*

Volker Sautter: Professioneller Mentaltrainer in der Bundesliga

Die blauen Wolken bringen Ruhe

Volker Sautter unterrichtet Matthias Hagner

Eine sonore Männerstimme gibt vor, was zu tun ist: *Ich schließe die Augen, gehe in die Ruhe und tiefe Entspannung.* Einige Zeit vergeht mit ruhigen, getragenen Klängen bis zur nächsten Ansage: *Tiefe Ruhe, Entspannung und Gelassenheit stellen sich bei mir ein.* Drei bis vier Minuten dauert die Einheit *Stärkung des Selbstbewußtseins*. Danach folgt die *Tiefenentspannung*. Sautter hat die verschiedenen Übungen zusammengestellt. Seit kurzem ist sein Programm *Mentales Training für Fußballspieler* in Buchhandlungen und im Fanshop des Fußball-Bundesligisten VfB Stuttgart zu erwerben. Sautters prominentester Kunde ist derzeit Matthias Hagner. Hagner schwärmt von

seinem Mentor und vom autogenen Training: *Das hilft mir und tut mir sehr gut.*
Seit Januar 1998 übt Sautter zweimal wöchentlich mit dem vierundzwanzigjährigen Mittelfeldspieler.
...wenn ich nicht gerade im Ausland bin, fügt der Profifußballer gutgelaunt hinzu. Und wie kam die Zusammenarbeit zustande? Hagner hatte die Visitenkarte Sautters schon seit langem in der Tasche stecken, zog sie aber erst im vergangenen Herbst dort heraus. *Das war in einer Phase, wo`s bei mir nicht lief,* erinnert er sich. *Ich hatte meinen Stammplatz in Stuttgart verloren und war vier Monate verletzt.*
Nach dem Verlust des Stammplatzes kamen die Zweifel. Hagners Selbstvertrauen war erschüttert. Inzwischen kann sich der Ex-Frankfurter (1993 bis 1996) wieder auf *seine eigenen Stärken verlassen.* Er hat beispielsweise mit Hilfe des autogenen Trainings gelernt, daß er auch nach einem Fehlpaß gelassen weiter spielt. *Vorher konnte ich nicht so gut abschalten, sondern habe noch herumgegrübelt.* Auch mit den Pfiffen von den Zuschauern könne er jetzt besser umgehen. *Ich lasse das nicht mehr so an mich heran.*
Obwohl Hagner momentan konsequent mit Sautter arbeitet und sich spielerisch *auf einem guten Weg befindet,* führt er den sportlichen Aufwärtstrend nicht nur ausschließlich auf das mentale Training zurück. *Das ist nur ein Mosaiksteinchen.* Eine Abhängigkeit von "Guru" Volker Sautter weist er lächelnd zurück. *Wir haben ein freundschaftliches Verhältnis.*
Die speziell auf ihn und seine Bedürfnisse abgestimmten Übungsprogramme nimmt Matthias Hagner auch mit ins Trainingslager. Ex-VfB-Trainer Joachim Löw befürwortet diese Trainingsmethode. *Er hat es wohl schon selbst ausprobiert,* berichtet Hagner. Auch sein Teamkollege Sreto Ristic hat bereits Erfahrungen mit dem autogenen Training gemacht, nämlich beim Regionalligisten SSV Reutlingen, seinem früheren Verein. Dort betreute Sautter während der Saison 1996/97 einige Spieler - darunter Volker Joos, Klaus Mirwald, Ingo Oester-

le, Sasa Janic, Torsten Traub, Sascha Maier sowie einige Landesligaspieler. Geübt wurde entweder vor oder nach dem Training, sowie vor den Punktespielen - und auch vor dem Titelgewinn der Deutschen Amateurmeisterschaft.

SSV-Kicker Sascha Maier hat davon profitiert: *In puncto Konzentration und Selbstvertrauen hat das sehr viel gebracht.* Er würde gerne wieder, unter entsprechender Anleitung, autogenes Training absolvieren - auch wenn er es selbst finanzieren müßte.

Wer seine sportliche Leistungsfähigkeit durch autogenes Training verbessern will, muß konzentriert mitarbeiten und von der Methode überzeugt sein. *Sonst bringt das nichts*, erklärt Sautter. Am Anfang jeder Übungseinheit (im Liegen oder bequemen Sitzen) geht es um Entspannung. Über die Suggestion von Ruhe, Entspannung, Schwere und Wärme, wird eine Absenkung des Muskeltonus` erreicht. Anschließend stehen die Spieleinstellung, Motivation, Übersicht oder auch Aggression im Mittelpunkt. Für die verschiedenen Feldpositionen beim Fußball (Torwart, Abwehrspieler, Stürmer) hat Sautter spezielle Programme ausgetüftelt.

Er betreut nicht nur Fußballer und Privatkunden, sondern gibt auch in Sportstudios Kurse.

Vor achtzehn Jahren kam der Mechaniker zum ersten Mal mit autogenem Training in Berührung. Zunächst brachte sich der Autodidakt die wesentlichen Inhalte selbst bei. Inzwischen ist er diplomierter Lehrer, Ex-Fußballer vom SV Bühl und TV Derendingen.

Beispiel eines Suggestionstextes für einen Spieler von Mainz 05

Torwart Dimo Wache

Ich schließe die Augen und versinke ganz tief in mich hinein.
Ich lausche der angenehmen Musik, treibe in meine Konzentrationsphase. Ganz tief in meinem Innersten ist das Zentrum meiner Energien, Kraft, Fähigkeiten und Konzentration.
Ich, Dimo, besitze die Macht der Vorstellungskraft und der Vollendung. Meine Stärke ist die Konzentration. Meine Stärke ist die Konzentration.
Vor meinen Augen sehe ich das Bild von mir selbst: selbstbewußt, selbstsicher. Ich bin einen Meter fünfundneunzig groß, fünfundneunzig Kilo schwer und stark wie ein Bär. So schnell - wie eine Revolverkugel - stehe ich, Dimo, in meinem Tor. Angst und Zwänge, Hektik und Streß gibt es für mich nicht. Konzentriert und motiviert beginne ich, Dimo, jedes Spiel. Selbstbewußt, ohne Risiko, spiele ich, Dimo, über neunzig Minuten konzentriert.
Der erste Gedanke ist immer der beste. Ich ziehe diesen Gedanken ohne wenn und aber konsequent und kompromißlos durch. Fehler gibt es nicht. Fehler sind so völlig gleichgültig. Ich, Dimo, habe ein riesiges Potential in mir. Durch mein großes Selbstbewußtsein steigere ich mich während des ganzen Spiels. Ich, Dimo, bin der Kapitän. Selbstbewußt über neunzig Minuten dirigiere ich lautstark meine Mannschaft. Ich übernehme die Verantwortung. Bei Flanken in meinen Strafraum bin ich so schnell wie ein Pfeil. Reaktionsschnell bin ich nur auf den Ball konzentriert. Kompromißlos und konsequent greife ich sicher und fest nach dem Ball. Ich fange jede Flanke ab, halte jeden Ball sicher und fest in meinen Händen. Meine Hände sind wie ein Magnet.
Durch meinen unbändigen Willen zum Erfolg, meiner Disziplin, meinem großen Können, bin ich, Dimo, stärker als all die

anderen. Ich bin von mir selbst und der Stärke meiner Mannschaft überzeugt.
In allen Aktionen, auch bei Mann gegen Mann, bin ich konzentriert und blitzschnell.
In Situationen *einer gegen den anderen*, bin ich selbstbewußt, schnell und sicher. Ich mache mich groß und breit. Ich bin zu allem bereit.
Kommt ein Linksfuß auf mich zu, bin ich blitzschnell mit meinem rechten Fuß. Explosiv schnellt mein rechter Fuß zum Ball.
Kommt ein Rechtsfuß auf mich zu, bin ich blitzschnell mit meinem linken Fuß. Explosiv schnellt mein linker Fuß zum Ball. Selbstbewußt, mit explosivem Einsatz, bereinige ich, Dimo, die Situation. Durch mein großes Selbstbewußtsein, meinem sicheren, gekonnten Spiel, ist immer alles möglich. Ich, Dimo, bin der hundertprozentige Rückhalt meiner Mannschaft. Ich bin die Sicherheit in Person.
Ich verfolge mit großer Überzeugung meine Ziele. Ich bin von mir selbst überzeugt. Ich bin stark. Meine Intelligenz wächst in mir. Sie wird immer ausgeprägter und stärker. Alles notwendige zum Erfolg, die Kraft und Energie, trage ich in mir selbst. Ich, Dimo, besitze die Macht der Vorstellungskraft und der Vollendung. Ich habe etwas ganz Besonderes in mir, meine brennende und strahlende Energie. Ich fühle und spüre in mir das Strömen der strahlenden, brennenden Energie. Es ist überdimensional.
Ich denke und handle schnell. Durch meine Aktionen entsteht Wirklichkeit. All meine Gedanken und Ideen haben positive Macht über mich. Die Konzentration und meine Energien steigen in mir an. Ich werde immer stärker. Ich wachse über mich hinaus. Ich stelle mir vor, es geschieht - und es geschieht! Mir wird bewußt, daß ich alles erreichen kann. Ich beherrsche meine Vorstellungen und Gedanken. Ich setze sie in die Realität um. Ich verwirkliche mein ganzes Können. Ich habe die Macht über mich selbst. Meine Erfolgsformel des Fußballs lasse ich in mir strömen. Alles, was ich in mir leite, wird zum totalen Er-

folg. Mit verstärkter Freude und Begeisterung lerne ich in mir selbst, Tag für Tag. Ich liebe alles, was ich tue. Ich, Dimo - ich bin der Beste. Ich überzeuge. Ich eile von Erfolg zu Erfolg. Die Belohnung ist der Ruhm.
Ich schließe die Augen, atme dreimal ganz tief ein und aus. Ich lausche der angenehmen Musik. Mit jedem Atemzug treibe ich immer tiefer in meine Konzentrationsphase hinein. Alles in mir ist ganz ruhig und entspannt. Alle Gedanken weichen von mir. Mit jedem Atemzug fließe ich in die tiefe Ebene meines Unterbewußtseins. Mein Unterbewußtsein nimmt alles auf und gibt es mir wieder zurück. Alles, was ich höre, fließt ganz tief in mich. Ich fühle mich wohl und geborgen in meinem starken, gesunden Körper. Wohlige Harmonie und Ausgeglichenheit sind in mir. Alle Spannungen und Lasten fallen von mir ab. Hektik und Streß gibt es für mich nicht. Meine Stärke bin ich selbst. Meine Stärke bin ich selbst.
Ich habe etwas ganz Besonderes in mir. Es ist ein tosendes Feuer - das Feuer der Leidenschaft, das ganz tief aus meinem Herzen strömt. Mit jedem Atemzug aktiviere ich das grandiose, explosive Feuer meiner Energien, in jedem Spiel. Der Gedanke schon genügt, und ich spüre den heißen, starken Strom meiner brennenden Energien des totalen Erfolges in meinem Kopf, im Körper, in beiden Armen und in beiden Beinen. Diese grandiosen Eigenschaften tragen mich durch das Spiel. Ich spüre die Stärke meiner Muskeln im ganzen Körper, in beiden Armen und Beinen. Ich bin ein Gewinner, ein Sieger. Ich bin der beste Spieler auf meiner Position. Ich bin so stark wie ein Bär und so schnell wie ein Pfeil. Ich bin zu allem bereit.
Ich werde immer stärker. Ich wachse über mich hinaus. Ich bin die Persönlichkeit auf dem Platz. Mir wird alles gelingen. Ich habe ein großes Ziel vor meinen Augen: die Erste Liga. Ich werde dieses Ziel erreichen. Ich bin stark. Ich bin ein Mensch mit großem Charakter, großer Disziplin und überdimensionalem Selbstbewußtsein.

Ich habe die Macht der Vorstellungskraft, der visuellen Bilder und die Macht der Vollendung in mir. Meine Stärke ist die Konzentration. Meine Stärke ist die Konzentration auf mich selbst, auf die Mannschaft und auf das Spiel. Das Signal zur Konzentration ist immer der Anpfiff zum Spiel. Die Konzentration auf das System, die Taktik - ja meine ganze Spiel- und Verhaltensweise sind tief in mir drin. So geht alles ganz leicht.
Konzentration heißt: mein innerstes *Ich*, meinen Willen, die große Leidenschaft zu aktivieren und auf den Punkt genau zu steuern. Durch mein logisches Denken und meiner Fähigkeit der visuellen Bilder, wird mir alles gelingen. Ich träume nachts von meinen positiven Aktionen. Ich lebe sie in meinen Träumen aus. Im Spiel setze ich meine Erfolge in die Realität um. So werde ich immer stärker.
Konzentration heißt: verdichten meiner Gedanken und Ideen auf den Punkt genau. Ich lasse mein Fußball-Leben, meine Gedanken, meine Ideen, meine ganze Freude am Fußball in mir strömen, Tag für Tag. Nur ich habe die Kraft und die Macht, bewußt für den Fußball zu denken, zu planen und meine Ziele zu erreichen. Alles notwendige zum Erfolg trage ich in mir selbst. Ich bin *eins* mit der Macht, die mich erschaffen hat. Die Macht gibt mir Kraft, Stärke und das Können, klar und logisch zu denken. Der Gedanke daran genügt schon, und ich spüre und fühle das Strömen der positiven Energien in meinem Kopf. Der ganze Körper, die Arme, die Beine stehen unter dem heißen Strom meines explosiven Feuers und der überdimensionalen, positiven Energie.
Jeder positive Gedanke, den ich denke, gestaltet meine erfolgreiche Zukunft. Meine Tore zur Weisheit und zum Wissen sind immer offen. Ich lerne Tag für Tag mit großer Begeisterung in mir selbst. Das Fußball-Leben ist sehr einfach: was ich gebe, bekomme ich mehrfach zurück. Alles, wozu ich mich leite, wird ein totaler Erfolg.
Ich habe die Kraft und die Macht über mich selbst. Meine Stärke bin ich selbst. Mir wird bewußt, daß ich alles zur Wirklich-

keit steuern werde. Ich beherrsche meine Vorstellungen und Gedanken. Ich setze sie in die Realität um. Ich verwirkliche mein ganzes Können. Ich bin stärker als all die anderen in der Liga. Ich fühle mich so stark und eins mit allem, was ich erreichen werde. Meine Intelligenz wächst in mir Tag für Tag. Sie wird immer ausgeprägter und stärker, bis zur Perfektion.
Mit verstärkter Freude, Lust und Begeisterung lerne ich in mir selbst. Alles, was ich in mir leite, wird zum totalen Erfolg für die Mannschaft und für mich.
So schreite ich mit meiner Mannschaft von Erfolg zu Erfolg. Die Belohnung ist der Ruhm.
Die Erste Liga. Wir alle zusammen sind die eine große Macht.
Ich schließe die Augen, atme dreimal ganz tief ein und aus. Die Vorbereitung auf das kommende Spiel beginnt.
Meine Stärke bin ich selbst. Ich bin ein Fußballprofi mit der hundertprozentigen Einstellung zum Erfolg. Ich besitze etwas ganz Besonderes. Es ist die Stärke meiner Konzentration über neunzig Minuten in jedem Spiel. Es ist die Liebe zu meinem Beruf, zum Ruhm des Erfolgs in der Öffentlichkeit. Mein Ziel ist der Weg nach oben. Ich werde von meinen Fans verehrt, geachtet und geliebt. Ich bin eine Persönlichkeit.
Durch meinen unbändigen Willen zum Erfolg, meiner Disziplin und durch meinen starken Charakter, bin ich stärker als all die anderen.
Innere Ruhe, Übersicht in jeder Aktion, im Spiel konzentriert - das sind meine Stärken, das bin ich selbst. Mein Selbstbewußtsein und mein Selbstvertrauen sind stärker als je zuvor. Sie tragen mich leicht durch das ganze Spiel. Die Gegner sind völlig gleichgültig. Ich bin immer konzentrierter und selbstbewußter, als all die anderen. Ich bin von mir selbst und der Stärke meiner Mannschaft überzeugt. Wir werden jeden Gegner bezwingen.
Ich bin anders als all die anderen. Ich habe etwas ganz Besonderes in mir. Es ist das tobende, strömende, wilde Feuer der Leidenschaft, das tief aus meinem Herzen kommt. Es ist immer

da, es ist überdimensional. Der Gedanke schon genügt, und ich spüre die grandiosen Gefühle des Ruhms und der Popularität, des Erfolgs, spüre die Gefühle der Zukunft und meiner Karriere in mir. Dafür gebe ich alles. Ich opfere mich in jedem Spiel für meine Mannschaft und für den Erfolg. Ich bin der Beste.
Ich habe die Macht der Vorstellungskraft, der Vollendung und die Macht der Konzentration. All diese meine Stärken trage ich in mir selbst. Ich bin ein Gewinner, ein Sieger - ich bin der Beste.
Ich bin die Persönlichkeit in jedem Spiel.

Volker Sautter: Gute Stimmung im Kader – Indiz für einen guten Teamgeist

INTERVIEW MIT WOLFGANG FRANK, FUßBALLTRAINER

1. Biographisches
Herr Frank, wie sind Sie zum Fußball gekommen?

Interesse am Fußball hatte ich schon immer, denn mein Leben war vom Fußball geprägt. Begonnen hat meine Fußball-Laufbahn in der B-Jugend bei den Amateuren. Als Profispieler war ich zwei Jahre beim VfB Stuttgart, ein Jahr beim AC Alkmar Holland, drei Jahre bei Eintracht Braunschweig, vier Jahre bei Borussia Dortmund, und nach drei Jahren in Nürnberg habe ich meine aktive Zeit als Spieler beendet.
Meine Trainerlizenz habe ich 1983 erworben. Die erste Trainerstation als Spielertrainer erlebte ich in Glarus, Schweiz, 1984. Anschließend war ich beim FC Aarau als sportlicher Manager aktiv. In dieser wichtigen Phase erkannte ich, daß ich zum Trainer geboren bin. Das ist mein Job. Weitere Trainerstationen übte ich etwa ein Jahr lang in Wettingen und beim FC Winterthur aus und zwei Jahre bei Rot-Weiß Essen. Von 1995 bis 1997 trainierte ich Mainz 05, danach ein Jahr lang Austria Wien. Ab 1998 erneute Tätigkeit bei Mainz 05 und in der Saison 2000 beim MSV Duisburg.

2. Das Faszinierende am Fußball
Mit Fußball ist Leidenschaft und Faszination verbunden. Wie erleben Sie diese beiden Eigenschaften?

Ich besaß immer die Bereitschaft, für den Fußball zu leben und für diesen Job voll da zu sein. Fußball habe ich stets mit großer Leidenschaft gespielt. Leidenschaft heißt, daß ich die Freude am Fußball entwickelt habe, um zu testen, wo meine Grenzen liegen, wie weit ich gehen kann. So habe ich meine Sache in dreißig bis vierzig Jahren Fußball-Leben gut ausgereizt.

Die Faszination liegt klar in einem Spiel, denn man weiß ja nie, wie es ausgeht - und genau davon lebt der Fußball. Ein Spiel hat viele Facetten - es geschehen viele unterschiedliche Dinge, und das macht den Fußball für die Zuschauer interessant. Jedes Spiel ist anders. Beispielsweise prägen Fehlentscheidungen des Schiedsrichters Emotionen. Hinzu kommt der gesamte Medienprozeß. Die Faszination bringt zweifellos die Massen an Zuschauer und Fans in die Stadien. Die Faszination ist sicher beeindruckend vor einer lebendigen Kulisse mit etwa hunderttausend Zuschauern als Spieler oder Trainer ein Spiel zu erleben.

3. Entscheidende Stationen der Laufbahn
Herr Frank, wenn Sie Rückschau auf Ihre bisherige Karriere halten - was waren für Sie die wichtigsten Stationen in Ihrer Laufbahn?

Meine erfolgreichste Zeit war bei Eintracht Braunschweig. Nicht wegen des Erfolgs, sondern aufgrund der Art und Weise, wie der Verein geführt wurde. Bei Eintracht Braunschweig habe ich gelernt, selbst ein wichtiger Teil der Mannschaft zu werden. Ich habe mich mit der Mannschaft und dem Verein identifiziert. Der Erfolg war da kein Zufall, weil eben auch die kleinen Dinge gestimmt haben. Deshalb war es für mich als Spieler eine ganz wichtige Station. Braunschweig, eine Stadt am Randgebiet, da wurde Fußball richtig gelebt.

In Glarus, einem Amateurverein, bin ich als Spieler-Trainer zweimal aufgestiegen. Wir haben anfangs vor etwa hundert Zuschauern gespielt und haben vor etwa dreitausend Zuschauern aufgehört. Dieser Erfolg hat mich als Trainer geprägt und mir deutlich gezeigt, daß man intakte Spieler haben muß, um zum Erfolg zu gelangen.

Bei Mainz 05 waren einige Punkte viel schwieriger, zum Beispiel die emotionale Ebene, die Abstiegskämpfe, das Ziel, die Mannschaft nach oben zu führen.

Hat Sie in diesen Situationen jemand psychologisch und mental beraten und unterstützt?

Mich haben Trainer beraten und unterstützt. Geprägt wurde ich von Branco Zebec in Braunschweig, von Udo Lattek und auch von Otto Rehhagel, die mich als Spieler stets unterstützt haben. Als Trainer habe ich mir diese Stütze selbst aufgebaut, indem ich viele Dinge diszipliniert in Angriff genommen habe. Ich weiß, daß diese psychologische und mentale Beratung ein Gewinn für jeden einzelnen Spieler ist. Ich glaube auch, daß diese Aktivitäten in Zukunft noch bedeutungsvoller werden. Die Kommunikation in einem Team muß von Anfang an vertrauensvoll aufgebaut werden.
Entsprechende Hilfe gaben mir natürlich meine Eltern, meine Ehefrau, die Fußballtrainer und die Betreuer. Diese Hilfe war nötig, denn ich wurde ja auch kritisiert und in mancher Hinsicht hart angefaßt. Die psychologische Form der Gegebenheiten von früher zu heute ist nicht mehr zu vergleichen. Mein Vater hat mich oft aufgefordert, mehr zu trainieren oder mehr menschlichen Charakter mit einzubringen.

4. Assoziationen zur Beratung
Sie arbeiten mit dem Mentaltrainer Volker Sautter zusammen. Wie sind Ihre Erfahrungen?

Weil der Volker jetzt bei uns am Tisch sitzt, muß ich ihn selbstverständlich loben. Ich habe mit der mentalen Qualität der Fußballberatung bereits vor zirka fünf Jahren begonnen. Eine individuelle Beratung und Betreuung einer Mannschaft muß gezielt gesteuert werden. Ich habe diese Beratung und Betreuung vorher immer selbst übernommen, bis mir klar wurde, daß einfach die dazu erforderliche Zeit fehlte. Vorrangig ist, auf jeden einzelnen Spieler individuell einzugehen. Aus dieser Erkenntnis heraus wurde eigentlich die Idee geboren mit Volker Sautter zusammenzuarbeiten. Unser gemeinsames Bestreben war, die Spieler auf eine Ebene zu bringen. Einige Spiele haben wir anfangs verloren und daraus folgte der Gedanke, mit Volker Sautter gezielte Grundvorstellungen auszuarbeiten und anzustreben. Der Start verlief bestens. Die Spieler gingen darauf ein, zumal diese Änderungen von ihnen freiwillig und gerne angenommen wurden.

Wesentlich war für mich das autogene Training, damit die Spieler auf einer Ebene mehr Selbstvertrauen erlangten. Der Hintergedanke, mit Volker Sautter zusammenzuarbeiten, war auch, das Unterbewußtsein der Spieler positiv zu programmieren. Im Laufe der Zeit haben sich die Spieler mit der neuen Situation bewußter beschäftigt. Jetzt kann ich nur bestätigen, daß es eine ganz gute Sache und ein großer Gewinn war. Allerdings muß man dieses Arbeitsvolumen über einen längeren Zeitraum beobachten. Voraussetzung für einen Erfolg ist auch, daß die Spieler damit einverstanden sind. Negative Erfahrungen habe ich gesammelt, wenn diese freiwillige Basis der Spieler nicht gegeben ist und sie unter Umständen nur dem Trainer zuliebe mitziehen. Ziel ist es, die Spieler davon zu überzeugen, daß jeder aus eigener Initiative mitwirken und selbst an sich arbeiten sollte. In dieser Materie stecken wir sicherlich erst in den Anfängen.

Wie sehen Sie die Strukturen in den Vereinen, und wo sind Verbesserungen erforderlich?

Aus der Ferne kann ich das nicht beurteilen. Ich glaube, daß die meisten Vereine über keine ausgeprägten Strukturen verfügen. Aus der Ersten Liga wissen wir, daß Bayer Leverkusen mit Christoph Daum sehr viel unternimmt. Bei Ottmar Hitzfeld glaube ich auch, daß er auf seine Art großen Einfluß auf seine

Spieler ausübt. Wichtig ist, daß jeder Trainer diese Strukturen schafft und Berater hinzuzieht, die sich um die psychischen Eigenschaften der Spieler kümmern. Die Spieler sind zahlreichen Einflüssen ausgesetzt, insbesondere denjenigen der Medien, dem Druck der Fans, der Konkurrenz in der Mannschaft, der Bedeutung des Geldes - was auch immer im Vordergrund steht. Das sind wichtige Punkte, wo Verbesserungen erforderlich sind und deshalb daran gearbeitet werden muß. Die Vereine stehen hier am Anfang. Es muß in erster Linie auch die Bereitschaft hierzu von den Verantwortlichen, vom Präsidenten und von den Vorständen geschaffen werden. Die Defizite sind groß. Zu einem gravierenden Defizit zählt, wenn der Vorstand noch nicht erkannt hat, daß im Bereich Fußball dringend *psychische und mentale Beratung* notwendig ist, um weiter erfolgreich zu sein.
Es ist noch intensive Aufklärungsarbeit zu leisten, denn die Anforderungen werden immer größer. In naher Zukunft wird sich beweisen, daß jeder Verein zusätzlich noch ein bis zwei Berater einstellen wird, um diesen wichtigen Bereich erfolgreich abzudecken.

Wie sehen Sie die Strukturen der Präsidenten, Manager und Sponsoren?

Der Kontakt der Verantwortlichen zur Mannschaft ist entscheidend. Sie müssen erkennen, daß die Spieler nicht auf Knopfdruck wie eine Maschine am Wochenende in Topform sind und daß der Stürmer ein Tor schießt und daß der Torwart ein Tor verhindert. Jeder einzelne im Verein ist gut beraten, wenn er eine individuelle Beratung annimmt.
Diese Arbeit erfordert beträchtlichen Einsatz - um eine stabile Mannschaft auf die Beine zu stellen. Stabil heißt, psychisch dem harten Druck in der Fußball-Laufbahn gewachsen zu sein. Entscheidend ist, mit negativen Einbrüchen künftig gezielter und bewußter umgehen zu können als in der Vergangenheit.

Die Trainer und der Vorstand sollten in der Lage sein, diese Position den Spielern vorzuleben.

5. Unabhängige Beratung
Ihrer Darlegung entnehme ich, daß Spieler eine unabhängige und fachliche Beratung in ihrer Fußballkarriere benötigen - also eine unerläßliche Begleitung?

Das muß ich bejahen. Ich bin der Meinung, daß junge Spieler, wenn sie sich auf Fußball konzentrieren, unbedingt eine Beratung in diesem Stil brauchen. Das heißt, daß man den Spielern Wege aufzeigt, wie sie ihre Leistungen verbessern können und zwar nicht nur auf dem Fußballplatz. Die Spieler werden zugleich zur Persönlichkeit heranreifen. Bei Spitzenclubs können sie sich in der Folge entsprechend vorteilhafter empfehlen ohne abzuheben. Es wäre von entscheidender Bedeutung, wenn sich kompetente Personen finden ließen, die das Fußballgeschehen kennen und die durchaus in der Lage sind, jungen Spielern mit einer Beratung dieser Art in allen Bereichen beistehen zu können. So wäre der Sportler in der Lage, seine Karriere unfehlbar planen zu können.

6. Uneigennützige Beratung
Glauben Sie, daß es auch eine uneigennützige Beratung gibt und daß ausgebildete Fachberater nicht in erster Linie auf den eigenen finanziellen Vorteil schauen?

Ich weiß nicht, ob es einen Job gibt, in dem man uneigennützig handelt. Jeder will ja seine Leistung bestätigt sehen. Bestimmt gibt es eine Personengruppe, die dieses Sache im Sinne der Spieler des Clubs durchführen, und daß diese Personen dementsprechend bezahlt werden müssen. Das betrachte ich dann als Bereicherung für den Klub. Deshalb ist dieser finanzielle Rahmen im Budget einzuplanen und entsprechend abzudecken. Im Sinne der Spieler ist es selbstverständlich von größter

Wichtigkeit, wenn diese Beratung von Fachleuten vorgenommen wird; der Trainer sollte ebenso eingebunden werden. Spitzenkräfte wird man nur bekommen, wenn sie logischerweise gut bezahlt werden. Im Fußballgeschäft hat sich auch gezeigt, daß ältere Spieler mit entsprechenden Erfahrungen und eventuell bereits mit psychologischer Beratung damit eher schlechter zurechtkommen und Mühe haben, diese anzunehmen. In diesem Fall ist es angebracht, die Sprache des Fußballers in aller Deutlichkeit zu sprechen. Das ist eine ganz wichtige Entwicklung, daß der Berater aus diesem Fach kommt - dann hat er es in der Beratung mit den Spielern leichter. Obwohl ich nicht ausschließen will, daß sich eine neutrale Person mit großem Einsatz in diese Materie einarbeiten und die Beratung genau so gut übernehmen könnte.

7. Anlässe für eine mentale Beratung
Welche Gründe sind Ihrer Meinung nach ausschlaggebend, daß Spieler eine Beratung in Anspruch nehmen sollten?

Das wäre eine Maßnahme für die jungen Spieler. Nachwuchsspieler mit dieser Chance könnten von dieser Sache sehr gut profitieren, weil sie bereits mit dieser Materie aufwachsen. Sie könnten sich besser auf ihren Job mit allen Eigenschaften vorbereiten. Spieler, die bereits mit einer mentalen Beratung unterstützt werden, können mit Formkrisen, privaten Sorgen, Problemen mit dem Trainer leichter umgehen und sie verarbeiten, als Spieler, die keinerlei mentale Stärke inne haben. Betreffende müssen lernen mit derlei Krisen auf eine andere Art umzugehen. Weitere Ursachen sind Mediendruck, Leistungserwartungen der Sponsoren, der Zuschauer und der Konkurrenzdruck. Wenn ein Spieler fit sein will - körperlich und geistig fit am Wochenende, genau zu dem Zeitpunkt, an dem ein Spiel angepfiffen wird - gibt es eine Vielzahl von Punkten, welche die Inanspruchnahme einer mentalen Beratung rechtfertigen.

Die mentale Beratung ist eine gezielte Form von Hilfe bei Situationen, denen die Spieler ansonsten überhaupt nicht oder nur recht unsicher gewachsen sind. Die mentale Seite der Beratung ist von größter Bedeutung, um topfit und gut vorbereitet in ein Spiel zu gehen. Nur dann kann der Spieler seine volle Leistung abrufen.

Glauben Sie, daß ein Berater oder Mentaltrainer Fußballer unterstützen und ihnen aus einer Krise helfen kann?

Da muß gewiß auch eine hohe Kooperationsbereitschaft von Seiten des Spielers vorhanden sein. Besonders der Trainer und der Mentaltrainer müssen sich ergänzen. Beide versuchen gemeinsam dem Spieler zu helfen. Dabei ist entscheidend, daß der Berater den Charakter des Spielers und Details aus seinem Privatleben gut kennt. Bei einer einwandfreien Zusammenarbeit zwischen Berater und Trainer kann dem Spieler immer aus einer Krise geholfen werden.

8. Beratung bei Spielern
Für Fußballspieler wäre also eine mentale Beratung in ihrer Karriere von großer Bedeutung. Ein guter Berater erkennt auch die Charakterstärken und Schwächen des Spielers und geht individuell darauf ein. Wie sehen Sie das?

Selbstverständlich ist ein sehr großer Zeiteinsatz des Beraters erforderlich. Er muß den Spieler gut kennen, um Einfluß in irgendeiner Form auf ihn auszuüben. Ich habe einen Katalog mit allen Daten und Angaben der Spieler erstellt, in dem Ausbildung, Werdegang innerhalb der Vereine, wo er bisher gespielt hat, seine bisherigen Trainer, die Familienverhältnisse aufgeführt sind. Ich habe in Gesprächen seine Charaktereigenschaften in Erfahrung gebracht. Ist er ein Führungsspieler? Wie reagiert er auf Kritik und so weiter. Es ist einfach notwendig, den Spieler von allen Seiten her zu kennen, um ihm bei seiner

Charakterentwicklung und Persönlichkeitsbildung helfen zu können. Ein guter Berater sichtet die Charakterpunkte eines Spielers, denn er will ihn zum Erfolg führen und seine Schwächen verbessern. Die Stärken werden noch eingehender motiviert, so daß der Spieler auf dem Fußballplatz, im Verein und in der Mannschaft eine hohe Qualität an Leistung entwickeln und seine gewünschte Zufriedenheit einbringen kann.

Es gibt sensible und robuste Spieler, Führungsspieler. Wie gehen Sie damit um?

Als Trainer muß ich mit jedem Spieler engen Kontakt pflegen, um alle bereits genannten Eigenschaften herauszufinden. Nur so kann ich als Trainer, Berater oder als Therapeut, mit dem Spieler individuell umgehen. Wahrscheinlich wird es nie ein allgemein gültiges Rezept geben, wie man mit sensiblen oder robusten Spielern umgehen soll. Ein sensibler Spieler reagiert auf Kritik empfindlicher als ein robuster, der bereits von der Natur her mental stärker ist. Einem Spieler muß man Rechnung tragen, wenn er eine schwächere Psyche hat. Dann ist es Aufgabe des Trainers, Beraters oder Therapeuten, den Sportler in dem betreffenden Bereich zu stärken. Bei einem robusten Spieler muß der Berater weniger Einsatz aufbringen, weil er bereits gute Qualitäten und Stärken vorweisen kann. Da gibt es zahlreiche Punkte, die man erkennen muß, um eine richtige Entscheidung treffen zu können. Es wäre falsch, wenn man alle Spieler über einen Kamm scheren würde. Eine Mannschaft mit dreißig Spielern ergibt ungefähr fünf bis sechs Gruppen, die alle unterschiedlich reagieren. Hier jedem gerecht zu werden, ist eine enorme Aufgabe.

Wolfgang Frank: Präzise Anweisungen des Trainers an die Spieler

*Ich bin der Ansicht, daß es in einem Team drei unterschiedliche Gruppen von Spielern gibt: einmal diejenigen, die **für** den Trainer sind und diejenigen, die **gegen** den Trainer sind. Als letztes die Gruppe, die **dazwischen** liegt, gleichzeitig auch die ruhigeren Spieler.*

Klar ist, es gibt die erfolgreichen Spieler und Spieler, die derzeit aus irgendwelchen Gründen nicht spielen können. Diese Spieler sind natürlich unzufrieden. Manche sehen sich in einer Mannschaft als Führungsspieler, obwohl sie es gar nicht sind. Es gibt verletzte Spieler, sowie ganz unterschiedliche Gruppen, und alle müssen ganz individuell behandelt werden.
Ein weiterer wichtiger Punkt ist, wie in der Gruppe, in der Mannschaft oder im Team miteinander umgegangen wird und welchen Einfluß die Trainer ausüben. Für mich ist das alles ein kompliziertes, ernst zu nehmendes Gebiet.

Wie gehen Sie mit ausländischen Spielern um, die die deutsche Sprache noch nicht so gut beherrschen?

Das ist natürlich ein ganz heikles Thema. Man holt Leistungsträger, und das sind meistens ausländische oder junge Spieler, die auf dem Sprung sind.
Ich habe es immer so gehandhabt, daß ich einen besonders engen Kontakt zu diesen Spielern pflege. Ich beherrsche die englische Sprache. Andernfalls ist es erforderlich, mit einem Dolmetscher zu arbeiten. Ich bin dafür, daß die ausländischen Spieler so schnell wie möglich die deutsche Sprache erlernen. Das bedeutet zugleich, daß eine noch größere Kommunikationsbereitschaft zwischen Trainer und Spieler bestehen muß. Der Spieler will das Gefühl spüren, daß er gebraucht wird und gewünscht ist. Die ausländischen Spieler haben darüber hinaus noch weitere Probleme zu bewältigen. Sie sind aus ihrem bisherigen Kulturkreis herausgenommen und müssen sich einem fremden Land anpassen. Das sind Punkte, die zu berücksichtigen sind und eines hohen Einsatzes bedürfen, um ihnen das Gefühl der Wichtigkeit zu geben.

Die ausländischen Spieler werden zum Sprachunterricht geschickt. Wie nehmen Sie dazu Stellung?

Das muß so sein. Es dauert etwa vier bis fünf Monate, bis ein Spieler einigermaßen die Sprache spricht. Das alleine reicht aber noch nicht aus. Es bedarf immer wieder eines zusätzlichen Zeitaufwands, bis ich in seiner Sprache die richtigen Gedanken ausgetauscht habe. Es kann die Gefahr bestehen, daß Integrationsprobleme mit der Mannschaft entstehen. Deshalb spielt die Kommunikation, die Gestik und die Mimik auf dem Platz eine bedeutende Rolle. Diese aufwendige Umgangsform, insbesondere mit ausländischen Spielern, kann ein Problem mit den anderem Spielern auf dem Platz sein.

Wie sehen Sie in einer Mannschaft die Kommunikation und die zwischenmenschliche Beziehung im Team?

Wir versuchen gemeinsam unsere Ziele, das sind unsere Erfolge, zu erreichen. Wenn eine Mannschaft nicht miteinander kommuniziert, haben wir ein Problem mit zwischenmenschlichen Beziehungen. Das ist ein Grund, weshalb ich gerne für längere Zeit mit einer Mannschaft ins Trainingslager mit gezielten Trainingseinheiten gehe, denn dort sind die Spieler, teilweise ungewollt, zu dieser Kommunikation gezwungen. Sehr positive Erfahrungen habe ich mit Einzelgesprächen gesammelt, bei denen ich auf die Wichtigkeit der gegenseitigen Wertschätzung aufmerksam mache. Jeder Spieler profitiert persönlich davon, wenn er sich in der Mannschaft wohl fühlt und gerne am Training teilnimmt. Diese Punkte zählen alle zur Kommunikation und müssen immer gefördert werden. Eine Mannschaft, die in Harmonie funktioniert, arbeitet mit einer anspruchsvollen Kommunikation. In der zwischenmenschlichen Beziehung wird hier ein hohes Ziel gestellt. Eine gegenseitige Akzeptanz ist wertvoll und es gehört zur Aufgabe, sich öfters zu treffen und gemeinsame Aktivitäten zu entwickeln, wobei ein tieferes persönliches Kennenlernen nicht ausbleibt. Wenn eine Mannschaft auch außerhalb des Platzes funktioniert, glaube ich, hat sie auch auf dem Platz Erfolg. Meine Meinung ist, daß die Spieler nur eine qualitativ hohe Teamkraft entwickeln können, wenn sich die Spieler auch außerhalb des Spiels verstehen.

Wolfgang Frank: Menschenführung - ein heikles Thema in der heutigen Zeit

Wenn also eine Mannschaft nicht miteinander kommuniziert, ist es fast unmöglich für sie, erfolgreich zu sein?

Da bin ich ganz sicher. Das ist nicht nur im Fußball so. Ich glaube, daß das für alle anderen Sportteams eine ebenso kapitale Bedeutung hat, weil jeder irgendwie den anderen braucht.
Selbst ein Einzelsportler wie ein Tennisspieler wird nur sehr mühevoll zu einem Erfolg kommen, wenn er einen unaufmerksamen Trainer hat, der es versäumt, ihn auf Trainings- und Verhaltensfehler hinzuweisen, oder der einen ungeeigneten Ernährungsberater zur Seite hat.
In einer Fußballmannschaft mit dreißig Spielern, wo nicht immer alle spielen können, ist die Kommunikation das A und das

O. Wenn sie nicht stimmt, dann ist eine Mannschaft tot und hat keine Chance.

Welche Gründe waren für Sie maßgebend, um mit dem Mentaltrainer Volker Sautter zusammenzuarbeiten?

Das war für mich zuerst mal ein Versuch. Ich wollte erfahren, wie die Mannschaft damit umgeht, wenn jemand da ist, der sich speziell um den Bereich *autogenes Training* kümmert. Die Gründe waren so eindeutig, daß sich auch der Trainer weiterentwickeln muß. Je mehr Personen er um sich hat, um so stärker muß er der Mannschaft das Gefühl geben, daß jeder einzelne Spieler gebraucht wird.
Die Wertschätzung dem Spieler gegenüber zeigt, daß dieses Gefühl für ihn sehr wichtig ist, um besser spielen zu können, um fehlerhafte Dinge zu ändern und über sich selbst nachzudenken. Der Spieler muß irgendwann soweit sein, daß er sagt, ich will mich selbst weiterentwickeln und Details erkennen, die eine bedeutende Rolle spielen und vor allem, daß ich nicht die Fehler bei anderen suche.
Ein Hauptgrund war natürlich auch: Ich wollte mehr Fußballspiele gewinnen! Mit einem mehr an Arbeit und neuen Ideen wollte ich gerne mit Volker zusammenkommen, und es ist super gut angelaufen. Man muß sich dazu einfach die Zeit geben, und dann bin ich überzeugt, daß alles funktionieren wird. Auf lange Sicht gesehen, wird die Mannschaft erfolgreich sein, die in dieser Richtung mehr aktiv ist, als eine andere. Es erfordert eine gewisse Zeit, bis man dies erkennt.

Der mentale Bereich ist ja eigentlich nichts Unbekanntes. Warum stößt diese Methodik auf so viel Unverständnis in der Öffentlichkeit?

Das ist eine schwierige Frage. Sicherlich ist alles, was mit Psychologie und Mentalem zu tun hat, eine Kopfsache. Viele Menschen meinen eben, daß diese Betroffenen auf die Couch müssen - sie haben Probleme. Der Spieler ist in der Regel ja nicht krank. Wir wollen ihm nur helfen, noch stärker zu werden, als er es bereits ist. Ich glaube, daß diese Vorbehalte einfach da sind, weil man Angst vor etwas Neuem hat. So geht's auch bei Trainern, den Vorständen, den Spielern, die noch höher bei den Vertragsgesprächen pokern wollen. Ich bin sicher, daß die Personen, die den mentalen Bereich ablehnen, ihn am Nötigsten brauchen. Die Angst vor etwas Neuem ist einfach da, insbesondere wenn man dazu auch noch Geld ausgeben muß. Gewiß, das ist auch eine Frage des Etats. Eine ablehnende Haltung habe ich auch in Mainz erfahren, weil es eben *neu* war. Eigentlich müßte diese Strategie und diese Form der Psychologie Bestandteil eines jeden Clubs werden.

Was waren Ihre positiven Erfahrungen mit Volker Sautter bei Mainz 05?

Das Positive war, daß die Spieler die Strategie zum Teil angenommen haben und daß sie sich weiterentwickeln wollten. Jetzt kann man natürlich sagen, wenn der Trainer weg ist, spielt das alles keine Rolle mehr. Man hat nur wegen des Trainers mitgemacht. Ich bin überzeugt, daß die Mitwirkenden durchaus selbstbewußter und stabiler geworden sind. Auf der anderen Seite ist der Erfolg auch begrenzt. Wir können nur die Anleitung geben, wie die Spieler an sich selbst arbeiten müssen. Ich bin sicher, daß noch vieles verbessert werden kann. Zum Beispiel muß der Spieler von sich aus verstärkt mitarbeiten, damit die *Autosuggestion* tiefer wirken kann. Der Spieler muß eigenständig über die gesamte Situation nachdenken können und in der Lage sein, zu erkennen, wie er seine Position verbessern kann. Dabei spielen die mentalen Voraussetzungen eine wesentliche Rolle.

Bei einigen Profi-Spielern kommt es mir vor, als lebten sie in einer Traumwelt und befaßten sich gar nicht mit einer bewußten Lebenseinstellung. Wie sehen Sie das, Herr Frank?

Da bewegen wir uns wieder tief in unterschiedlichen Ebenen. Wenn ein Spieler sich Gedanken über seine Zukunft macht, will er auch noch andere Dinge erleben. Das ist auch in unserem Job so. Ein junger Spieler ist anders auf die Zukunft eingestellt, als ein älterer Spieler, der bereits am Ende seiner Karriere angelangt ist.
Entscheidend finde ich, daß die Spieler heute einen Trainer-Berater-Manager fragen sollten - wie kann ich meine Leistung verbessern, wie kann ich meine Leistungsgrenze nach oben bringen und nicht, wie kann ich mehr Geld verdienen. Die erfahrenen Spieler fragen sich, *wer kann mir dabei helfen, um eine Steigerung zu erlangen?* Vor allem die jungen, karrierewilligen Spieler sollten sich diese Frage stellen. In dem Job wird die Konkurrenz immer größer. Der Spieler muß zur Erkenntnis kommen, daß der mentale Bereich ihn stärken und weiterbringen kann und daß er für alles Neue aufgeschlossen sein sollte. Die Spieler, die sich nicht weiterentwickeln, werden über kurz oder lang keinen Erfolg im Fußball erleben.

9. Das Schlimmste im Fußball
Herr Frank, was ist für Sie das Schlimmste beim Fußball?

Das Schlimmste ist, wenn wir über die mentale Seite im Bereich Fußball und über die allgemeine Motivation sprechen und diesen großen Aufwand betreiben und dann feststellen, daß diese Mühe nicht das gewünschte Resultat gebracht hat. Es gibt im Fußball eine Menge unangenehmes, zum Beispiel Verletzungen, die eine fatale Rolle spielen.
Tatsache ist ebenfalls, daß man den Spielern signalisieren will, du bist für mich als Mensch wichtig, und ich möchte dir bei deiner Weiterentwicklung helfen. Oft dann die Rückschläge,

daß gar nicht verstanden wurde oder angekommen ist, was vorher gemeinsam in Gesprächen erörtert wurde. Das ist das Schlimmste für mich, das ist schädlich. Das sind Ereignisse, die ich nicht verstehen kann.

Spieler, die eine hohe Mentalkraft haben und ihre Persönlichkeit weiterentwickelt haben, werden weniger Verletzungen erleiden - da bin ich mir ganz sicher.

Eine Sache für sich ist das Verhalten der Beteiligten in der Führungsspitze. Wenn die Saison gut läuft, sind alle hoch zufrieden, und die Schulterklopfer kommen. Wenn es nicht läuft, suchen die meisten Köpfe die Schuld beim Trainer.

Für mich ist es wichtig, daß alle diese mentale Seite durchführen. Es wird trotzdem nur eine Mannschaft Meister, und drei bis vier Mannschaften werden, je nach dem, absteigen. In einem Spiel gibt es einen Gewinner und einen Verlierer.

Das ist ein ganz wichtiger Faktor. Ich glaube, die Stabilität in einer Mannschaft ist größer, wenn sie mit negativen Erlebnissen umgehen kann. Natürlich gibt es immer drei bis vier Absteiger, und nur eine Mannschaft wird Meister. Es gibt in diesem Geschäft auch Beispiele, daß ein Absteiger eine hohe Mentalität entwickelt hat und in der nächsten Saison wieder aufsteigt. Das heißt: nach einer schlechten Saison anschließend wieder erfolgreich wird. Ich meine, das ist zwar momentan ein kurzfristiges Denken, aber auf lange Sicht wird diejenige Mannschaft erfolgreich sein - bei gleicher Ausgangslage, mit denselben Spielern und beim gleichen Training - wenn alle in diesem Bereich hart arbeiten.

Wo sehen Sie Verbesserungsmöglichkeiten und was erwarten Sie davon?

Verbesserungen sehe ich in der Form, daß wir die jungen Spieler besser auf ihre Aufgaben vorbereiten. Nicht nur trainingsmäßig, sondern auch im taktischen Bereich, von der Mentalität her, unter Berücksichtigung individueller Persönlichkeitsstrukturen. Man muß ganz gezielt an den Stärken arbeiten und die Schwächen verbessern. Wichtig ist, daß Trainer und Berater auf die Spieler zugehen und sie in allen Bereichen betreuen. Ich glaube, daß im technisch-taktischen Bereich dann einiges möglich ist.

10. Beratung von Trainern
Wir kennen jetzt die Fachberatung von Spielern. Gibt es auch eine ähnliche Beratung bei Fußballtrainern und wenn ja, wie gestaltet sie sich?

Ja, das ist eine gute Frage. Ich habe das selbst erlebt. Ich habe mich kaum beraten lassen. Ich habe meinen Job gemacht, und manchmal wäre ich froh gewesen, wenn ich jemanden an meiner Seite gehabt hätte, der mich bei der Karriereplanung unterstützt hätte. Ich habe meine Entscheidungen immer selbst getroffen. Besser ist es, wenn man Berater um sicher herum hat, die helfen, die Karriere gezielter zu planen.
Ich bin derzeit dabei, gewisse Umstände zu ändern und zwar in der Form, daß ich letztendlich beim richtigen Verein zum richtigen Zeitpunkt bin. Das ist ein großes Geheimnis in diesem Geschäft. Da kann man sicher im Vorfeld manches abklären - bei mir war immer Emotionales dabei. Ich habe mich emotional für die Vereine entschieden. Oder ich habe einen Verein ausgewählt, bei dem ich auf der Warteliste stand. Das sind Details - da sollte sich ebenso der Trainer weiterentwickeln. Deshalb finde ich, ist auch die Beratung für den Trainer sehr wichtig.

Wird bei der Ausbildung zum Fußball-Lehrer und bei anschließenden Weiterbildungen dieses Thema behandelt?

Soviel mir bekannt ist eigentlich nicht. Sicher wird sehr viel Wert auf die psychologische Betreuung der Spieler gelegt. Ich glaube auch schon, daß man dem Trainer in Zukunft diese Fürsorge in die Hand geben sollte. Nicht, daß der Trainer sich nur im Fachbereich *Fußball* weiterbildet, sondern auch seine eigene Karriere muß er verbessern. Fragestellungen tauchen auf, etwa: Wo sind positive Änderungen angesagt? Wie kann man sich austauschen? Auch der Trainer hat die Herausforderung, seine eigene Persönlichkeit zu entfalten. Bei Otto Rehhagel habe ich immer bewundert, daß er sich stets, bis zum heutigen Tag, weiterentwickelt hat. Er wurde ab und zu in Frage gestellt - aber ich glaube, daß er ein Trainer ist, der allen Formen aufgeschlossen gegenüber steht und positiv eingestellt ist.

11. Fehler bei Karrierewilligen
Welche Fehler begehen junge, karrierewillige Spieler in der Regel?

Wir gehen mal davon aus, daß jeder Spieler seinen eigenen Berater hat. Viele Spieler geraten an den falschen Berater, und das ist ein Fehler. Der falsche Berater ist derjenige, der im Vordergrund des Geschehens nicht die Weiterentwicklung des Spielers sieht, sondern seinem Geld nachjagt. Entwicklung heißt für mich, daß der Spieler selbst Erfahrung im Spiel, sowie auch im Wettkampf sammeln muß. Ein junger Spieler sollte einsichtig sein, daß er nicht immer ganz oben sein kann. Für ihn ist ausschließlich bedeutend, daß er im Spiel eingesetzt wird.
Junge Spieler werden oft schlecht beraten. Dies kann geschehen in der Form, daß man ihnen alles abnimmt und sie dadurch in der Entwicklung ihrer Persönlichkeit gehindert sind. Ich sage den Spielern immer wieder, daß man seine Karriere besser planen muß, was Erfolg ist und wie er zustande kommt. Es ist sehr wichtig, daß man den Spieler darauf hinweist, was er alles dafür tun muß, um den gewünschten Erfolg zu erreichen. Einige Sportler wollen einen Berater - und sie wollen zu schnell zu viel. Ich kann mir gut vorstellen, daß das Fehlerquellen sind,

die man ohne weiteres abstellen könnte. Der Spieler muß den richtigen Berater haben, der den Beratungshintergrund versteht und nicht nur dabei groß verdienen will.

Welche Tips halten Sie für unerfahrene Spieler bereit, die für eine erfolgreiche Laufbahn als Fußballspieler motiviert sind?

Vor allem ist sehr wichtig, daß der Spieler bereit ist, ganz hart und langfristig zu trainieren, so daß die körperliche Fitneß stimmt. Der Spieler muß bereit sein, jeden Tag im technischen und im taktischen Bereich zu lernen und sich weiter zu entwickeln. Entscheidend ist auch, daß der Spieler bewußt für das Training lebt und daß der taktische Unterricht eine wesentliche Rolle dabei spielt. Dieser Prozeß im mentalen Bereich sollte ein Spieler in jungen Jahren bereits schon begreifen, dann ist er auch in der Lage, besser mit dem Leistungsdruck, mit dem Konkurrenzdruck, mit den Medien oder mit anderen äußeren Einflüssen umzugehen. Es sollte ihm jemand zur Seite stehen, der ihm in dieser Situation hilft.

12. Schlußwort zur mentalen Beratung
*Was sind Ihrer Meinung nach die wichtigsten Punkte, die es zur **mentalen Fußball-Beratung** zu erwähnen gilt?*

Wichtig ist, daß man den Spieler in seiner Gesamtheit sehen muß. Der Trainer sollte die Charaktereigenschaften des Spielers, seine schulische Ausbildung, sein Elternhaus, die ersten Trainer und die ersten Mannschaften und dergleichen kennen. Ist dies nicht der Fall, hat der Trainer diese Angaben in Erfahrung zu bringen. Um ein Grundwissen über die Charaktereigenschaften eines Spielers zu erhalten, hat der Trainer mit ihm zu kommunizieren. Nur auf dieser Basis kann festgestellt werden, ob der Spieler zu den sensiblen Persönlichkeiten gehört, ob er zurückgezogen lebt, oder ob er in einem bestimmten Bereich Hemmungen überwinden muß. Erst nach diesem Hinterfragen kann man festlegen, was für die Fußball-Laufbahn eines Spielers maßgebend ist. Ich glaube schon, daß Empfehlungen, wie zum Beispiel im Umgang mit Mitspielern, in Bezug auf das Verhalten in der Mannschaft oder in einer Mannschaftssitzung und zielbewußte Gespräche mit dem Trainer, Gespräche mit den Medien angenommen werden. Diese Strategie führt den Spieler zur Weiterentwicklung und zum Erfolg.

Ich danke Ihnen für dieses Interview und wünsche Ihnen für Ihre Zukunft weiterhin viel Erfolg.

Ausblick – Hoffnung zum Schluß

Beratung will und kann nicht alles beherrschen – sie kann aber im hier verstandenen Sinne hilfreich sein und eine echte Unterstützung bieten.

Es wurden zahlreiche Problemlagen deutlich. Dies sollte nicht erschlagend wirken, sondern zur angemessenen Bearbeitung ermuntern. Spieler und andere am Fußball Beteiligte wurden in ihren Höhen und Tiefen gezeigt. In ihren Tiefen meistens ohne den Rückhalt einer guten Beratung.

Eine am Wohl und Glück des Spielers orientierte Beratung haben wir aufgewiesen. Von den bedeutenden Persönlichkeiten, die in diesem Buch zur Sprache kommen, wird diese Beratung akzeptiert und für erforderlich gehalten. Trainer Wolfgang Frank setzt sich für eine erfolgreiche Beratung der Spieler ein.

Nun ist es an den Vereinen und besonders an ihren Dachorganisationen, den Spielern, - in erster Linie den jungen, und nicht finanzkräftigen Spielern – Möglichkeiten einer solchen Beratung zu bieten, vor allem solchen Spielern, die an eine langfristig angelegte Karriere denken.

ALS ERSTES BUCH VON KLAUS KERN IST ERSCHIENEN:

WAS SOLL ICH TUN?
BERATUNG IM FUßBALL

- Perspektiven im Fußball
- Große Spielerpersönlichkeiten
- Spielerschicksale
- Warum gibt es Beratung?
- Was ist Beratung?
- Was soll Beratung bringen?
- Das Gespräch als wichtiger Schritt und als Bindeglied
- Der Vereinswechsel
- Wer macht bereits Beratung?

Erschienen im PAIS Verlag, 79254 Oberried, Hauptstraße 49
ISBN 3-931 992-04-7
125 Seiten, Preis DM 25,--

FÜR DIE HIER ANGEBOTENE BERATUNG STEHT GERNE ZUR VERFÜGUNG

Klaus Kern

Schreiberstraße 8
79098 Freiburg

Telefon	0761/289424
Fax	0761/289414
E-Mail	Tinykern@aol.Com

FOLGENDE FORMEN DER BERATUNG WERDEN ANGEBOTEN:

- Jugendberatung
- Amateurberatung
- Profiberatung
- Trainerberatung
- Managerberatung
- Mentale Beratung
- Beratung bei Vereinswechsel
- Sonstige Möglichkeiten der Beratung

WELTNEUHEIT
VON DER JUGEND BIS ZUM PROFI

MENTALES TRAINING FÜR FUßBALLSPIELER

Ob im Jugend-, Amateur- oder auch im Profifußball, überall ist die Leistungsdichte so enorm, daß es ohne mentale Trainingsmethoden nicht mehr geht.
Das Spiel wird auch im Kopf entschieden, so wird immer wieder argumentiert.
Und das mit Recht. Auf Grund dessen sollte jeder Spieler im mentalen Bereich an sich arbeiten. Die von Volker Sautter ausgearbeiteten Programme können den Spieler dabei effektiv unterstützen und ihm den richtigen Weg zum Erfolg zeigen.
Sie sind für jeden verständlich und leicht erlernbar.

VOLKER SAUTTER,
DIPLOM-LEHRER FÜR MENTALES TRAINING

72072 TÜBINGEN, TALSTRAßE 7

TELEFON- UND FAX NR: 07071/73867
INTERNET: WWW.PROMONET.DE